Wie soll man leben?

Anton Čechov

liest

Marc Aurel

*Herausgegeben,
aus dem Russischen
übersetzt und mit
einem Vorwort von
Peter Urban*

Diogenes

Die Erstausgabe erschien 1997
im Diogenes Verlag
Umschlagillustration:
Vincent van Gogh, ›Stilleben mit
gelbem Strohhut‹, 1885
(Ausschnitt)

www.diogenes.ch
250/04/44/1
ISBN 3 257 06382 2

Vorwort

In der Beschreibung der geistesgeschichtlichen und philosophischen Wurzeln Anton Čechovs und seines Werks, soweit die Forschung sie bislang vorgenommen hat, fehlt eine ganze Reihe nichtrussischer Philosophen, deren Denken nicht nur Čechov beschäftigt hat, deren Philosophie vielmehr auch in Rußland diskutiert, deren Hauptwerke ins Russische übersetzt wurden und in den gebildeten Kreisen Rußlands wie in Westeuropa zum Allgemeingut gehörten. Es sind dies die ›nichtmaterialistischen‹ Denker, die Skeptiker und ›Pessimisten‹.

Zum Beispiel Arthur Schopenhauer, der, in Rußland erst relativ spät entdeckt, von Anton Čechov an prominenter Stelle im *Onkel Vanja* genannt wird, als es im III. Akt des Stückes, im Streit mit dem Professor, aus Vojnickij herausbricht: »Aus mir hätte ein Schopenhauer werden können, ein Dostojevskij!« Dieser Satz Onkel Vanjas ist mehr als ein Lacher oder als ein hilfloser Ausrutscher der Selbstüberschätzung, er ist ein unüberhörbarer Hinweis darauf, daß Čechov sich mit Schopenhauer intensiver auseinandergesetzt haben dürfte, als dies in der bisherigen Čechovliteratur dargestellt worden ist. Im Verlag Suvorin waren, aus den *Parerga und Paralipomena*, 1891–1892 zwei Bände *Aphorismen und Maximen* erschienen, von denen sich einer in Čechovs Bibliothek befand; 1892 erschienen, in der Übersetzung des Dichters Afanasij Fet, Band I der *Welt als Wille und Vorstellung,* im selben Jahr, in der Übersetzung Sokolovs, noch Band II.

Zum Beispiel Friedrich Nietzsche, dessen Philosophie Čechov am 25. Februar 1895, Suvorin gegenüber, zwar »weniger überzeugend als bravourös« genannt hatte, doch interessant genug, um mit Nietzsche gern einmal »irgendwo in einem Bahnabteil oder auf dem Schiff eine ganze Nacht lang« reden zu wollen. Auch Nietzsches Philosophie hat Čechov mit Sicherheit nachhaltiger beschäftigt, als seine Briefe das erkennen lassen, auch ihm hat er in seinem letzten Werk, dem *Kirschgarten,* ein Epitaph gesetzt mit dem Satz: »Nietzsche ... ein Philosoph ... sehr groß, sehr bedeutend ... ein Mann von riesigem Verstande, er sagt in seinen Werken, man könne ruhig falsche Geldscheine machen.« Nietzsche hatte sich in der *Morgenröthe. Gedanken über die moralischen Vorurtheile* zwar nur gewundert über die »unmäßige Ungeduld, welche jetzt den Menschen zum Verbrecher macht«, indem manch einer »am Prägen falschen Geldes Anteil nimmt«, doch belegt das verdrehte Nietzsche-Zitat im *Kirschgarten,* daß Čechov noch 1901 die russische Übersetzung der *Morgenröthe* aufmerksam, wahrscheinlich bis zu Ende gelesen hat: der Aphorismus *Danae oder Gott im Golde* befindet sich im III. Buch unter Ziffer 204.

Zum Beispiel der Römer Marcus Annius Verus, der sich 138 u. Z. von seinem kaiserlichen Onkel Antoninus Pius adoptiert, fortan Marcus Aurelius Antoninus nannte und der, nach dem Tode seines Adoptivvaters 161, bis zu seinem eigenen Tod im Jahre 190 Kaiser des Römischen Reiches war, bekannt unter dem Namen Marc Aurel.

Über ihn war zu sowjetischen Zeiten wenig und kaum Verläßliches zu erfahren. Zu Marc Aurels *Selbstbetrachtungen*, die das gesamte philosophische Denken des Abendlandes von Petrarca bis Schopenhauer, Leibniz bis Nietzsche durchziehen, teilt die *Kleine Sowjetenzyklopädie* 1929, Band IV, unter dem Stichwort ›Mark Avrelij‹ mit: »Er war ein herausragender Vertreter der Philosophie des Stoizismus (vgl. Stoiker). In seinem Werk ›Zu sich selbst‹ (in Form eines Tagebuchs) predigt er innere Ruhe und Gleichgültigkeit gegenüber Schicksalsschlägen: das Böse und der Tod sind notwendige Bestandteile des weltlichen Lebens.«

Ausführlicher die *Große Sowjetenzyklopädie* der Stalinzeit, die die Philosophie des Kaisers 1949 unter ›Avrelij, Mark‹ ideologisch einordnet: »A. ist bekannt als der letzte große Philosoph der stoischen Richtung (vgl. Stoiker). In seinem einzigen philosophischen Werk ›Allein mit sich selbst‹ werden Probleme der Ethik abgehandelt. Bei A. verliert der Stoizismus endgültig seine früheren materialistischen Züge und erlangt einen deutlich ausgeprägten religiös-idealistischen Charakter. In dieser Gestalt gewann der Stoizismus großen Einfluß auf die Formierung des Christentums. Die Krisensymptome des Reiches drückten der Weltanschauung A.s den Stempel des Pessimismus auf. Die Ohnmacht der herrschenden Klasse des Römischen Reiches und die hoffnungslose Lage der antiken Sklavenhaltergesellschaft widerspiegeln sich in der Philosophie A.s in der Gestalt von Fatalismus, des Aufrufs zur Ergebenheit in das Schicksal. Er predigt Gleichmut gegenüber äußerlichen Gütern und Demut im Angesicht des Unvermeidlichen.«

Entsprechend die Behandlung des Schriftstellers Marc

Aurel durch Literaturlexika: die *Literaturenzyklopädie* widmet ihm kein eigenes Stichwort, sondern handelt ihn unter ›Römische Literatur‹ ab mit dem Satz: »Die Ideologie der herrschenden Klasse erlangte stagnierenden Charakter; die Lösung der sozialen Probleme sucht man in der Philanthropie, begründet durch die Lehren der Kyniker und der Stoa.« In der *Kurzen Literaturenzyklopädie* [Band VI, Moskau 1971] schrumpft dieser Satz zur Mitteilung, Kaiser Marc Aurel habe, der Mode folgend, »seine Werke auf griechisch geschrieben«.

Magere Auskünfte also über einen Philosophen, der das Denken und philosophische Weltbild Čechovs wie kein anderer geprägt und der sein Handeln als Schriftsteller, als Mensch und als Person des öffentlichen Interesses beeinflußt hat wie niemand sonst. Magere Auskünfte auch über einen Schriftsteller, der von jedem ernstzunehmenden Autor bewundert wurde für die schlichte, schmucklose Eleganz seines Ausdrucks; allein im Stilistischen enthalten die *Selbstbetrachtungen* für Anton Čechov wenn schon keine Anregungen, so doch eine wertvolle, hochwillkommene Bestätigung auf dem Wege zu einer Schreibweise, für die er seinerseits bis heute bewundert wird.

Tatsächlich ist die Bedeutung dieses einen, so schmalen Bandes Marc Aurels für den Künstler Čechov kaum zu überschätzen. Überflüssig zu sagen, daß in sowjetischer Zeit der Text der *Selbstbetrachtungen* nicht verfügbar war und eine Nachauflage der ersten vollständig aus dem Griechischen übertragenen Ausgabe 1914 unterblieb.

Insofern mußten versteckte, wenn auch deutliche Hinweise auf Marc Aurel im Zusammenhang mit Čechov, die es durchaus gab, ins Leere gehen. In seinen *Problemen der Dramenanalyse* – übrigens der einzigen Arbeit der formalen Schule, die Čechov zum Gegenstand erhob – hatte der Petersburger Forscher Sergej Baluchatyj bereits 1927 gemutmaßt, die *Selbstbetrachtungen* seien »offenbar ein Lieblingsbuch Čechovs« gewesen und diese Vermutung mit der Fußnote bekräftigt: »Die *Selbstbetrachtungen des Kaisers Marc Aurelius Antonin,* übersetzt v. F. L. Urusov, Tula 1882, hat Čechov bis zu seinem Tode im Bücherschrank seines Arbeitszimmers in Jalta aufbewahrt. An den Rändern sind Bleistiftanmerkungen von Hand Čechovs.« Neunzehn dieser Anmerkungen könne man auf den Monolog der Nina im 1. Akt der *Möwe* beziehen. In seiner katalogartigen Beschreibung der Bibliothek Čechovs 1930 unternimmt Baluchatyj den Versuch, diese Bleistiftanmerkungen zu beschreiben, indem er, neben dem Standort, Čechovs »Notate der Themen« mitteilt, doch das ergibt, wie noch zu zeigen ist, wenig Sinn. Bis heute ist niemand auf die Idee gekommen, dem Hinweis Baluchatyjs nachzugehen, geschweige denn, den von Čechov gelesenen Text Marc Aurels mitzuteilen.

Vielmehr hat sich in der Čechovliteratur, und zwar nicht nur der sowjetischen, eine Übereinkunft gebildet, die Philosophie Marc Aurels im Werk Čechovs dort abzuhandeln, wo sie besprochen und der Philosoph wörtlich zitiert wird, nämlich im *Krankenzimmer Nr. 6* – und zu dieser Übereinkunft gehört, unverzichtbar, der Begriff ›Polemik‹, so als stritten in ihren Gesprächen nicht Doktor Ragin und sein

Patient Gromov, sondern als ›polemisiere‹ der Autor persönlich mit dem Philosophen, so als habe Čechov im *Krankenzimmer Nr. 6* mit der Philosophie der Stoa ein für alle Male abgerechnet und gebrochen, wenn er den geisteskranken Gromov sagen läßt: »Diogenes brauchte kein Arbeitszimmer und keinen warmen Raum; dort ist es sowieso heiß. Leg dich in deine Tonne und iß Apfelsinen und Oliven. Aber hätte er in Rußland leben müssen, so hätte er nicht erst im Dezember, sondern schon im Mai nach einem Zimmer verlangt. Weil er sich gekrümmt hätte vor Kälte.«

Nach diesem Argumentationsmuster verfuhr bereits 1929 der Kritiker I. N. Kubikov in seinem Aufsatz über das *Krankenzimmer* und gab die Sprachregelung vor, die später zur Stereotype wurde: spätestens auf der Insel Sachalin sei Čechov sich der »reaktionären Haltung der Lehre M. Aurels« bewußt geworden, die Entwicklung im *Krankenzimmer Nr. 6* sei »nur darauf ausgerichtet, den Parteigänger der Philosophen der Stoa und ihrer Tolstojaneradepten in den totalen Bankrott zu führen.« Im authentischen RAPP-Ton wird das Ende Doktor Ragins bewertet mit dem Satz: »So endet die Kapitulation des Predigers der ›Klarheit und Ergebenheit des Geistes‹.«

Vor Marc Aurel will selbst noch der Kommentar der Akademie-Ausgabe [Band VIII, Moskau 1977] Čechov in Schutz nehmen, indem er die briefliche Erwähnung Marc Aurels vom 11. April 1889 uminterpretiert in ›Polemik‹: in einem Augenblick der tiefsten Erschütterung und Depression, als nämlich klargeworden war, daß Čechovs Bruder Nikolaj, der Maler, nicht an Unterleibstyphus erkrankt war – so die erste Diagnose des Arztes Čechovs –, sondern an

Lungentuberkulose, die damals unheilbar war, als klar war, daß Nikolaj sterben und Čechov ihm nicht würde helfen können, hatte Čechov, der selbst seit Dezember 1884 jeden Herbst und Winter Blut hustete, an seinen väterlichen Freund A. S. Suvorin geschrieben: »Oh, Marcus Aurelius Antoninus! Oh, Epiktet! Ich weiß, es ist kein Unglück, es ist nur meine Meinung; ich weiß, den Maler verlieren heißt ihn zurückgeben, aber ich bin doch mehr Potëmkin denn Philosoph, und ich bin absolut unfähig, dem Schicksal tapfer ins Auge zu blicken, wenn ich nichts an Tapferkeit im Herzen habe.«

Es bleibt das Geheimnis des Kommentators, wie man diesen Ruf der Verzweiflung als »Polemik mit Aurelius« mißverstehen kann.

Polemisiert hat Čechov mit dem antiken Weisen nie, er hat von ihm gelernt, und schon allein die Tatsache, bekannt seit 1927, daß Čechov sein Exemplar der *Selbstbetrachtungen* im Bücherschrank des Arbeitszimmers in Jalta aufbewahrte, wo es bis heute steht, spricht eine deutliche Sprache. Denn das bedeutet, daß dieses Buch Čechov besonders wichtig war, daß es über einen Zeitraum von 21 Jahren, von 1883 bis 1904, sämtliche Umzüge – innerhalb Moskaus, von Moskau nach Melichovo, von dort nach Jalta – mitgemacht hat und nicht wie die weniger wesentlichen Bücher an die Stadtbibliothek Taganrog geschickt worden ist, daß es im Hause Čechov jederzeit zur Hand sein mußte.

Seinen Marc Aurel hat sich Čechov Ende der 80er Jahre regelrecht erarbeitet und zu eigen gemacht. In diese Zeit fällt Čechovs vielleicht erste große existentielle Krise, in der für ihn die Frage nach dem Sinn seiner Existenz – als erfolgreicher Schriftsteller, der seinen Erfolg mit argwöhnischer Skepsis betrachtete, und als nichtpraktizierender Arzt, der zwar einigen Menschen Gutes, aber nichts für die Menschheit getan hatte – durch mehrere Umstände zugleich bedingt, immer drängender und bedrückender wurde. Bei der Beantwortung dieser Frage hat Čechov bei Marc Aurel Rat gesucht und gefunden, wie eine große Zahl direkter und indirekter Zitate aus den *Selbstbetrachtungen* in seinem Werk wie in seinen Briefen belegt.

Etwa: am 4. Mai 1889 schreibt Čechov an A. S. Suvorin: »Die Natur ist ein sehr gutes Beruhigungsmittel. Sie stimmt einen demütig, d. h. sie macht den Menschen gleichgültig. Und man muß auf dieser Welt unbedingt gleichgültig sein. Nur die Gleichgültigen sind imstande, die Dinge klar zu sehen, gerecht zu sein und zu arbeiten.«

Ein typischer Čechov-Satz, möchte man meinen – und doch stammt nur der Begriff ›gleichgültig‹ aus Čechovs Vokabular, ist seine Übersetzung. Marc Aurel meint den ›gleichmütigen‹, für Schmerzen unempfänglichen und deshalb glücklichen Menschen (dem im *Krankenzimmer Nr. 6* Doktor Ragin das Wort redet). Die Forderung, die Welt und sich selbst klar zu erkennen, gerecht zu sein und das Gute zu tun, ist, gerade in dieser Trias, eine zentrale Maxime im Weltbild Marc Aurels, und diese hat Čechov in seinem Exemplar der *Selbstbetrachtungen* auch mehrmals markiert – etwa in Buch V § 36, in dem es heißt: »Bemühe dich, zumindest für den Rest deiner Tage, besonders wenn du einsam und von allen verlassen bist, das Beste für dich zu finden, ein glücklicher Mensch zu sein, der die Quelle des Glückes in sich selbst weiß. Das Glück liegt im vernünftigen Denken, im wahrheitsgetreuen Wort und im guten Werk.«

Wie Čechov den existentiellen Zwiespalt, in dem er sich befand, auch im Hinblick auf das ›gute Werk‹ für sich gelöst hat, ist bekannt: 1890 begab er sich, für Freunde und Verwandte unerwartet und gegen deren Einrede, auf seine ebenso beschwerliche wie gefährliche Reise auf die Sträflingsinsel Sachalin im fernen Sibirien, um mit Hilfe der dort gewonnenen Eindrücke und Erkenntnisse den Kampf anzutreten gegen die lebenslange Freiheitsstrafe, wie der russische Strafvollzug sie vorsah.

Čechov erwähnt Marc Aurel insgesamt fünfmal, und bekanntlich sind solche Erwähnungen bei Čechov nie gering zu achten, besonders nicht die im künstlerischen Werk. Außer im *Krankenzimmer Nr. 6* erwähnt Čechov den Philosophen 1889 in der *Langweiligen Geschichte* und, fünf Jahre später, in der Erzählung *Der schwarze Mönch.* Die erste briefliche Erwähnung Marc Aurels ist die vom 9. April 1889 in einem kurzen Begleitschreiben an den Schauspieler Aleksandr Lenskij, das belegt, daß Čechov über die *Selbstbetrachtungen* auch gesprochen haben muß; er schreibt: »Ich schicke Ihnen den Marc Aurel, den Sie lesen wollten. An den Rändern werden Sie auf Bleistiftanmerkungen stoßen – sie haben für den Leser keinerlei Bedeutung; lesen Sie alles der Reihe nach, denn alles ist gleichermaßen gut.«

Kein Zweifel kann daran bestehen, daß mit dem Band, den Čechov im April 1889 an Lenskij schickte, das Exemplar gemeint ist, das heute in Jalta aufbewahrt wird. Und in dieser Bibliothek der unentbehrlichen, unverzichtbaren

Bücher findet sich – mit Ausnahme der Sprichwörtersammlung von Snegirëv – kein zweites, das annähernd so viele Marginalien von Hand Čechovs aufwiese wie die *Selbstbetrachtungen* Marc Aurels, keines, das Čechov mit geradezu systematischem Furor durchgearbeitet hätte wie diesen schmalen Band.

In Čechovs Besitz gelangten die *Selbstbetrachtungen* im Oktober 1883 aus dem Nachlaß seines Bekannten F. F. Popudoglo. Es handelt sich bei dieser Ausgabe um die vermutlich erste Übertragung der Aphorismen Marc Aurels ins Russische – das *Enzyklopädische Wörterbuch* von Brockhaus & Efron, Band 1, 1890, enthält zwar eine Anzahl von Literaturhinweisen, jedoch keinen auf russische Textausgaben. Der Band trägt den Titel *Überlegungen des Kaisers Marcus Aurelius Antonin über das, was wichtig ist für ihn selbst,* ist übersetzt »von F[ürst] L. [D.] Urusov«, einem nahen Freund Tolstojs, der Marc Aurel erst Jahre später für sich entdeckte, und ist erschienen zu Tula 1882. Er enthält neun Seiten Vorwort des Übersetzers sowie, auf 180 Seiten in einem schönen, großzügigen Satzspiegel gedruckt, Aphorismen des Marc Aurel. Ursprünglich wohl als Broschur aufgelegt, hat Čechov den Band später in einen festen schwarzen Einband binden lassen, wobei die Ränder der Broschur geringfügig beschnitten wurden – so wird das Buch im Jaltaer Arbeitszimmer aufbewahrt, damit hat Čechov gearbeitet; und von der Textgestalt dieser Ausgabe haben alle weiteren Fragen auszugehen.

Dies festzustellen ist insofern wichtig, als die wenigen sowjetischen Forscher, die, wie Baluchatyj, mit diesem Band gearbeitet haben, annahmen, es handle sich hier um den authentischen, vollständigen Text der *Selbstbetrachtungen;* keiner gibt zu verstehen, daß er das Problem, das diese erste Übersetzung philologisch aufgibt, erkannt hätte, keiner weist hin auf die Unterschiede der Übertragung L. D. Urusovs und der späteren, verläßlichen Übersetzung von S. Rogovin, Moskau 1914.

Fürst Urusov schrieb ein gepflegtes, sprachlich schönes Russisch. Die Frage, aus welcher Sprache er übersetzt hat, wird möglicherweise nicht mehr zu klären sein. Er hat jedoch – wie zu jener Zeit, nicht nur in Rußland, üblich – für seine Ausgabe eine eigene Auswahl aus dem Gesamtwerk getroffen und war an einer vollständigen Wiedergabe gar nicht interessiert: Aphorismen, die L. D. Urusov weniger erheblich erschienen, entfielen, ohne daß er die Auslassungen gekennzeichnet hätte – stattdessen wurde die persönliche Auswahl neu, wiederum fortlaufend numeriert (so enthält das Buch III, beispielsweise, gegenüber 16 Aphorismen im Original bei Urusov nur 11); insgesamt bringt der Band, der Čechov zugänglich war, nur wenig mehr als zwei Drittel des vollständigen Texts.

Der Fürst hat damit jeden, der sich für den von Čechov gelesenen Text interessiert und nur den vollständigen Marc Aurel zur Hand hat, vor ein schier unlösbares Problem gestellt, das selbst die akribischste Beschreibung des Čechovschen Handexemplars nicht lösen kann: die von Čechov angestrichenen Stellen wären unauffindbar. Wer sich, der Beschreibung Baluchatyjs folgend, in einer exakten vollständigen Ausgabe auf die Suche machte, wäre schon bei der ersten Anstreichung Čechovs verloren. Im I. Buch markierte Čechov in § 8 die Formulierung: »Willkür erzeugt Haß,

Gewissenlosigkeit und Heuchelei« – so L. D. Urusov; in S. Rogovins Übersetzung findet sich die Entsprechung erst unter Ziffer 11, allerdings in einem Wortlaut, der in nurmehr einem einzigen Begriff mit dem Urusovs übereinstimmt: »Schadenfreude, Verschlagenheit und Heuchelei, wie sie der Tyrannei eignen.«

Allein dieses eine Beispiel macht klar: wer sich für den von Čechov gelesenen Marc Aurel interessiert, kann sich weder auf Beschreibungen des Exemplars noch auf verläßliche Ausgaben der *Selbstbetrachtungen* stützen, er muß an die Quelle zurück, zu dem in Jalta gehüteten Exemplar.

Die Frage, wann Čechov die *Selbstbetrachtungen* zum ersten Mal zur Hand genommen habe, ist nurmehr annäherungsweise einzugrenzen; daß er es im Oktober 1883 getan hätte, ist wenig wahrscheinlich. Der spätestmögliche Termin liegt fest durch den Brief an A. P. Lenskij vom 9. April 1889. Der Brief selbst verweist mit Erwähnung der Bleistiftanmerkungen auf einen früheren Zeitpunkt. Möglich erscheint ein Zeitpunkt wie Herbst oder Winter 1888, vielleicht auch früher.

In der Erzählung *Lichter* – erschienen im Juniheft 1888 der Zeitschrift *Severnyj vestnik* [Bote des Nordens] – spielt erstmals in Čechovs Prosa eine Grunderkenntnis Marc Aurels eine Rolle: in der Rahmenhandlung dieser Erzählung führt ein Petersburger Student, der nur auf Zeit an den Bauarbeiten zu einer neuen Eisenbahntrasse teilnimmt, als seinen Leitsatz die Worte »Alles ist eitel« im Munde und verhält sich danach, sehr zum Ärger des lebenserfahrenen Ingenieurs Ananjev. Doch handelt es sich hier um die biblische *vanitas vanitatum,* die auch der »Ekklesiast«, das Buch *Sprüche des Predigers Salomo,* beklagt, das Čechov vertraut war – seiner Ansicht nach war es der Ekklesiast, der Goethe auf die Idee, den *Faust* zu schreiben, gebracht hatte.

Zur selben Erkenntnis der *vanitas vanitatum* gelangt der junge Mann in der Erzählung *Die Wette,* geschrieben Ende 1888, erschienen in der Neujahrsausgabe 1889 des *Novoe vremja* [Neue Zeit]: »Alles ist nichtig, vergänglich, trügerisch und täuschend wie eine Fata Morgana. Mögt ihr stolz, weise und schön sein, der Tod wird euch dennoch vom Antlitz der Erde vertilgen wie die Mäuse unter dem Fußboden, und eure Nachfahren, eure Geschichte, die Unsterblichkeit eurer Genies werden mit dem Erdball erfrieren oder verbrennen.«

Marc Aurel, in der Übersetzung L. D. Urusovs Buch IV § 21, der dem 33. Aphorismus entspricht und den Čechov sich markiert hat: »Wörter, die ehemals im Gebrauch waren, sind nun veraltet und vergessen, wie die Namen einst hochberühmter Männer; z.B. eines Camillus, Scipio, Cato, eines Antoninus. Sie verblassen bald, nehmen den Charakter einer Legende an und sind danach versunken in Vergessenheit. Dies gilt auch dem Andenken derer, die ehemals so wunderbar geleuchtet haben; denn das Andenken an die anderen verschwindet, sobald sie nur tot sind, augenblicklich, so als hätte es sie nie gegeben, als hätte von ihrem Dasein niemand je gewußt. Unvergessensein ist also ein leeres Wort.«

In der Folgezeit, etwa in der Erzählung *Der Namenstag* oder dem kleinen Roman *Eine langweilige Geschichte*

[1889] nehmen Einfluß und Reflexion der Philosophie des antiken Weisen erheblich zu.

›Bleistiftanmerkungen‹ – dies der Ausdruck, den Čechov gegenüber Lenskij verwendet – geben vom Charakter dieser Marginalien kaum einen Begriff: Čechov untertreibt. Denn was er an Marc Aurels *Selbstbetrachtungen* vorgenommen und geleistet hat, ist nichts weniger als eine selbständige, überaus gründliche und geradezu systematische Arbeit. Es ist die Analyse eines existenzphilosophischen Systems, innerhalb dessen die einzelnen Aphorismen auf vielfältige Weise ineinander verwoben sind, die Čechov versuchte, in einen neuen, seiner Weltsicht entsprechenden Zusammenhang zu bringen; es ist zugleich Čechovs Versuch, bestimmte Gedanken Marc Aurels für sich auf den Begriff und in ein System – sein eigenes – zu bringen.

Mit Bleistift durchgekreuzt sind, den gesamten Band durchgehend, die Ziffern derjenigen Aphorismen, die ihm weniger erheblich erschienen – was nicht bedeutet, daß Čechov sie für zweitrangig oder gar unwesentlich gehalten hätte: auch innerhalb dieser ›durchgekreuzten‹ Aphorismen hat er einzelne Formulierungen, Halbsätze und Sätze mit Bleistift unterstrichen, wie z. B. den Satz im Buch IV § 34 [d. h. § 48 im vollständigen Text]: »Denn alles Menschliche ist vergänglich und nichtig.«

Die ihm wesentlichen Gedanken – und das sind von 332 Aphorismen, die Urusovs Ausgabe enthält, immerhin rund 125 – hat Čechov jeweils am äußeren Rand mit einem kräftigen roten Senkrechtstrich versehen. Teils bezeichnen sie den gesamten Aphorismus, teils nur einen Auszug. Zusätzlich zu diesem vertikalen Strich mit Rotstift stehen, ebenfalls außen, mit Bleistift in der Handschrift Čechovs, eigene Überschriften, Stichwörter, die drängende Fragen seiner Zeit bezeichnen, bzw. Titel mit dem Charakter von Inhaltsangaben wie zum Beispiel: ›Freiheit‹, ›Feind‹, ›Ruhm und Ehren‹, ›Eigentum‹, ›Gott‹, ›Zorn‹. Diese Titel, mit denen Čechov die Gedanken Marc Aurels versah, sind zwar seit Baluchatyjs Beschreibung von 1930 bekannt, ergeben aber ohne den von Anton Čechov gelesenen Text keinen Sinn.

Čechovs Titel zu Marc Aurels *Selbstbetrachtungen* hatten zweifelsohne eine praktische Funktion, nämlich ihm das Auffinden einzelner Gedanken zu erleichtern – ganz im Sinne eines philosophischen Wörterbuches. Sie beinhalten aber auch bereits eine eigene Interpretation. Čechovs Überschriften zeigen nicht nur, wie Čechov den Philosophen verstanden hat, sondern deuten auch an, in welchem Sinn er die Erkenntnisse Marc Aurels auszuwerten und im eigenen Werk einzusetzen gedachte.

Hier ergeben sich Parallelen zwischen Čechovs Exemplar der *Selbstbetrachtungen* und den Notizbüchern, die eigentlich Arbeitsbücher waren. In ihnen hielt Čechov alles mögliche fest, aufgeschnappte Versprecher, komische Namen, Sujets, ernste Gedanken, eigene Beobachtungen, Zitate, die ihm bemerkenswert und verwendbar erschienen; Notizen, die er verwendet hatte, wurden durchgestrichen. Auch der Marc Aurel war ein Arbeitsbuch, aus dem Čechov zitierte, mit dem Unterschied: nie hat Čechov einen Gedanken Marc Aurels in eines seiner Notizbücher übertragen und, nach Verwendung, durchgestrichen, wie er es in den Notizbüchern zu tun pflegte. Die *Selbstbetrachtungen* blieben der geheime, wohlgehütete Ideenschatz, Čechovs verborgenes, verschwiegenes und unerschöpfliches Reservoir für die Argumentation seiner Personen – auf der Bühne wie in der Prosa.

Die ›Bleistiftanmerkungen‹ in den *Selbstbetrachtungen* bilden in ihrer Gesamtheit ein philosophisch-weltanschauliches und zugleich ein pragmatisch-literarisches System, das weniger das Denken Marc Aurels erhellt als vielmehr das Denken und die Arbeitsweise Čechovs. Innerhalb dieses Systems sind zumindest drei Ebenen zu unterscheiden: eine philosophisch-weltanschauliche, eine ethisch-moralische und eine zu Kunst und Ästhetik.

Die existenzphilosophische Ebene behandelt Fragen nach dem Wesen der Welt, nach dem Sinn und Ziel des menschlichen Lebens im einzelnen wie im Bezug auf die Allgemeinheit, Fragen nach der allgemeinen Idee oder, wie diese auch genannt wird, nach dem göttlichen Prinzip. ›Gott‹, ›Schicksal‹, ›Leben‹ sind nur einige Titel, die Čechov den Aphorismen Marc Aurels verlieh. Am häufigsten begegnet man der Überschrift ›Tod‹, auch ›Nähe des Todes‹, die ein Gegensatzpaar bildet mit der Frage ›Wie [soll man] leben‹ – dem Tod insgesamt zehnmal, der Frage, wie man leben solle, neunmal; doch erscheinen derlei Aufrechnungen müßig, denn von der Opposition Tod–Leben sind auch zahlreiche weitere Aussprüche durchdrungen, die Čechov mit anderen Überschriften versehen hat oder in denen ihm ein anderer Aspekt wichtiger war. Etwa ›Zorn‹, im Buch II § 5: »Das wird dir gelingen, sobald du dir angewöhnt hast, jede deiner Handlungen als die letzte deines Lebens anzusehen.«

Auf der ethisch-moralischen Ebene werden Fragen abgehandelt, die sich auf das sittliche Zusammenleben der Menschen beziehen, auf ihre Meinungen, auf die Abhängigkeit von diesen Meinungen anderer, auf Sinn und Unsinn menschlicher Verhaltensnormen und Institutionen. Čechovs Titel zu diesem Bereich: ›Zorn‹, ›Ruhm und Ehren‹, ›Gut und Böse‹, ›Eigentum‹, ›Verbrechen‹, ›Aberglaube‹, ›Rache‹, ›Gesellschaft‹, ›Freiheit‹, ›Glück‹ und ›Unglück‹ und, nicht zuletzt, ›Wahrheit‹. Es unterliegt kaum einem Zweifel, daß Čechov manchen Ausspruch des Kaisers nicht nur literarisch eingesetzt, sondern direkt auch auf sein persönliches Verhalten bezogen hat.

Diese Ebene findet beispielsweise einen Reflex in der Erzählung *Der Namenstag:* in Buch VII der *Selbstbetrachtungen* überschreibt Čechov den Beginn des § 26 mit dem Begriff ›Beleidigung‹: »Wenn dich jemand gekränkt hat, so werde dir sofort darüber klar, welche Absichten der Beleidiger hatte, und welche Ansichten darüber, was gut und was schlecht ist.« Eben diese Gedanken bewegen Olga Michajlovna in der Nacht nach dem für sie so schal verlaufenen Fest (Kapitel IV); sie will sich an ihrem Mann, von dem sie sich betrogen fühlt, rächen, sie tut es aber nicht in der Weise, die Marc Aurel empfiehlt. Unter dem Titel ›Rache‹ hatte Čechov in Buch VI angestrichen: »Die beste Art, sich an jemandem zu rächen, ist, es dem Beleidiger nicht gleichzutun.« Doch erwägt Olga Michajlovna auch diese Form der Rache, um sie schließlich zu verwerfen.

Ein zentraler Begriff im Denken Marc Aurels ist das gute Werk bzw. die gute Tat zum Wohl der Allgemeinheit, für das man zu arbeiten habe. Schon Zeitgenossen Čechovs ist aufgefallen, daß die Helden seiner Werke statt zu arbeiten immer nur vom Arbeiten reden – so Vojnickij und Astrov im *Onkel Vanja,* so die Gesellschaft, die den *Kirschgarten* bevölkert; Arbeit ist eines der Leitmotive in den *Drei Schwestern.* Mit dem Begriff ›Arbeit‹ überschrieb Čechov in den *Selbstbetrachtungen* u. a. in Buch IX diesen kurzen Aphorismus: »Der Mensch sündigt nicht allein durch seine Taten, sondern oft auch durch Tatenlosigkeit.«

In welch hohem Maße Čechov den Gedanken, dem Gemeinwohl zu dienen, auch auf sein persönliches, privates Leben bezogen hat, liegt auf der Hand: hierfür stehen seine zahlreichen außerliterarischen Aktivitäten wie beispielsweise die Reise auf die Insel Sachalin, die er mit dem festen Vorhaben angetreten hatte, öffentlich einen Beitrag zur Abschaffung der lebenslangen Freiheitsstrafe zu leisten. Hierfür steht sein gesellschaftliches Engagement beim Zemstvo des Kreises Serpuchov, solange er in Melichovo lebte: Čechov ließ sich als Distriktsarzt einteilen, als 1892 und 1893 ein Übergreifen der Cholera auf das Gouvernement Moskau befürchtet wurde; Čechov beteiligte sich 1897 an der großen Volkszählung; er baute auf eigene Kosten im Umkreis von Melichovo drei Volksschulen; er war bereit, als Kurator an diesen Schulen zu fungieren, ein Amt, das er später auch in den Jahren in Jalta (1898–1904) versah; in Jalta beteiligte er sich rege an Sammlungen zur Unterstützung mittelloser Tbc-Kranker.

Das größte Gewicht kommt der wiederholt gestellten Frage zu, wie man leben solle. Hierzu ist in Čechovs Exemplar der *Selbstbetrachtungen* in Buch VI § 47 markiert: »Nur eines im Leben ist von hohem Wert: Wahrheit und Gerechtigkeit zu üben; im unablässigen Widerstreit gegen menschliche Lüge und Ungerechtigkeit selbst nicht müde zu werden, Nachsicht zu üben.«

Es fällt schwer, hier nicht an das berühmte künstlerische Credo Čechovs zu denken, das er in seinem Brief vom 4. Oktober 1888 an A. N. Pleščev entwirft: »Ich bin kein Liberaler, kein Konservativer, kein Reformanhänger, kein Mönch, kein Indifferenter. Ich möchte ein freier Künstler sein und nichts weiter, und ich bedaure, daß Gott mir nicht die Kraft gegeben hat, einer zu sein. Ich hasse Lüge und Gewalt in all ihren Erscheinungsformen, und Konsistorialsekretäre sind mir gleichermaßen zuwider wie Notovič und Gradovskij. Pharisäertum, Stumpfsinn und Willkür herrschen nicht allein in Kaufmannshäusern und Gefängnissen; ich sehe sie in der Wissenschaft, in der Literatur, unter der Jugend … Darum hege ich gleichermaßen geringe Vorliebe für Gendarmen, für Fleischer, für Gelehrte, für Schriftsteller, für die Jugend. Firma und Etikett halte ich für ein Vorurteil. Mein Allerheiligstes sind – der menschliche Körper, Gesundheit, Geist, Talent, Begeisterung, Liebe und absolute Freiheit, Freiheit von Gewalt und Lüge, worin sich die beiden letzteren auch äußern mögen. Das ist das Programm, an das ich mich halten würde, wenn ich ein großer Künstler wäre.«

Die dritte Ebene erstreckt sich auf die Kunst und ästhetische Fragen, sie teilt sich in mehrere Aspekte. Marc Aurels Gedankentagebuch, größtenteils in Heerlagern entstanden, kreist um Fragen der Kunst am Rande, dennoch stößt Čechov mehrmals auf Aussprüche, die ihn als Künstler unmittelbar betreffen. Zwei Aphorismen überschreibt er in seinem Exemplar mit dem Begriff ›Kunst‹, beide im Buch XI. Dort behandelt der 5. Aphorismus die Entstehung der Komödie, deren Freimut »erzieherisch [war]. Wir wurden durch ihr offenherziges Wesen gemahnt, Prunk und Stolz abzutun« – schon dies ist ein Grundsatz, dem Čechovs Theaterstücke von Beginn an gefolgt sind und der ihn in Gegensatz zur ihm zeitgenössischen Dramatik stellte. Marc Aurel fährt in seinem Gedanken fort mit der Feststellung, die nachgekommene Komödie, der mittleren, dann der neuesten Zeit sei »in ein künstlerisches Wesen der Nachahmung aus[geartet]«, um dann zu fragen: »Auch wenn wir nicht verkennen, daß sie [die neueste Komödie] manch Treffliches enthält, so frage ich doch: welchen Zweck denn eigentlich diese ganze dramatische Dichtung verfolge?« Im Hinblick auf die alte Frage, ob Čechovs Theaterstücke Komödien oder Tragödien seien, scheint diese Frage des Philosophen von einiger Bedeutung.

Der andere, von Čechov auf die Kunst bezogene Aphorismus – Buch XI § 10 – bespricht das Verhältnis von Kunst und Natur: »Nie kann die Natur tiefer stehen als die Kunst, denn ihre vielfältigen Formen liegen jeder Kunst zugrunde. Vollkommenheit in der Natur steht höher als jede Vollkommenheit in der Kunst; in der Kunst, wie in der Natur, dient alles Niedrigere dem Höheren und ist ihm untergeordnet.«

Die Parallele, die sich hier aufdrängt, ist Čechovs Forderung, der Schriftsteller müsse genauso objektiv sein wie ein Chemiker – im Brief vom 14. Januar 1887 an M. V. Kisëlva: »Er muß sich freimachen von der Subjektivität seines Alltags und wissen, daß die Misthaufen in der Landschaft eine sehr beachtliche Rolle spielen und böse Leidenschaften dem Leben ebenso eigen sind wie gute.«

Diesem Brief, mit zentralen Äußerungen Čechovs zur Ästhetik, entspricht Marc Aurels Betrachtung über das Schöne, von Čechov überschrieben mit dem Begriff ›Lob‹: »Jegliches Schöne ist schön durch sich selbst und in sich vollendet, so daß ein Lob an seinem Wesen nichts ändert. Wird es doch durch Lob weder schlechter noch besser, und dies gilt gleichermaßen für die Schönheit der Materie wie die in der Kunst. Das wahrhaft Schöne bedarf des Lobes ebensowenig wie das Gesetz Gottes, die Wahrheit, die Güte, die Keuschheit.«

Ein zweiter Aspekt betrifft das, was man Čechovs künstlerisches Ethos nennen könnte. Schon Zeitgenossen haben Čechov vorgehalten, in seinem Werk werde kein moralisches Urteil gefällt und würden keine Lehren zur praktischen Nutzanwendung erteilt. In Čechovs Exemplar der *Selbstbetrachtungen* finden sich mehrere Anstreichungen zum Titel ›Belehren‹, so in Buch x § 4: »Wenn du bemerkst, daß jemand sich geirrt hat, belehre ihn nachsichtig und weise ihn darauf hin, wo er sich geirrt hat. Hat dein Versuch keinen Erfolg, so gib dir selbst die Schuld oder besser, gib niemandem die Schuld, aber bleibe nachsichtig.«

In diesen Bereich gehören auch Čechovs Anstreichungen, die er nach Matthäus 7,1 mit dem Imperativ der Bergpredigt ›Richte nicht‹ bzw. ›Du sollst nicht richten‹ überschrieben hat: »Wenn du über die Handlungen eines anderen richtest, frage unbedingt zuerst: welches waren seine Beweggründe und wie hättest du an seiner Stelle gehandelt.«

Der für den Künstler Čechov wohl wichtigste Ausspruch

Marc Aurels betrifft unmittelbar das Stilistische; er bestätigt das Prinzip, das Čechov vom Schriftsteller verlangt: »äußerste Kürze«. Unter dem Stichwort ›Rede‹ vermerkt er in Buch III § 5: »Drücke deine Gedanken ohne Zierat aus, sei kein Schwätzer und kein Vielgeschäftiger. Mit einem Wort, dein Herr sei der Gott, der in dir ist.« Die Bedeutung dieses Ausspruchs für jemanden, der das geflügelte Wort »Kürze ist die Schwester des Talents« geprägt hat, ist sofort plausibel; einen Reflex der Forderung, kein Schwätzer und Vielgeschäftiger zu sein, erkennt man noch im *Kirschgarten,* wo der ewige Student dem Kaufmann Lopachin zum Abschied den Rat erteilt, sich abzugewöhnen, »mit den Armen herumzufuchteln« – die Bedeutung ist die gleiche.

Was Marc Aurel mit dem »Gott, der in dir ist« meint, ist hingegen genau das, von dem der Professor in der *Langweiligen Geschichte* am Ende schmerzlich feststellt, daß es ihm ein Leben lang gefehlt habe: »die allgemeine Idee, der Gott des lebendigen Menschen«. Die negative Lebensbilanz, die der Professor in Kapitel VI der Geschichte zieht, ist ein Resümee, das begrifflich und gedanklich auf der Philosophie Marc Aurels aufbaut.

Erwähnt werden muß auch der Zusammenhang, der besteht zwischen dem Werk und Textstellen, die Čechov in den *Selbstbetrachtungen* zwar nicht angestrichen, die ihn aber dennoch zweifelsohne angeregt haben; dazu zwei Beispiele.

Im Buch V markiert Čechov den Beginn des Ausspruchs Nr. 33 unter dem Stichwort ›Ruhm‹. Die Anstreichung endet mit dem Ausruf: »Wie eitel und nichtig ist der Ruhm in solch einer Welt!« Doch damit endet nicht der Gedanke

Marc Aurels, der fortfährt mit einem Text, der als eine Quelle für den Schlußmonolog der Sonja im *Onkel Vanja* angesehen werden könnte: »So bleibt nur übrig, geduldig zu warten, bis wir verlöschen und unsere Stelle wechseln, und bis das geschieht, die Götter zu ehren und zu preisen, den Menschen wohlzutun, sie zu ertragen oder sich ihnen zu entziehen...«

Ebenfalls in Buch v, das mit einer Betrachtung über Arbeit und Pflichten des Menschen beginnt, hat Čechov die Nr. 1 zwar mit Bleistift durchgekreuzt, doch ist der Gedankengang dieses Ausspruchs nahezu identisch mit dem Monolog Irinas im 1. Akt der *Drei Schwestern* über das Arbeiten: »Als ich heute aufwachte, aufstand und mich wusch, da schien mir plötzlich, als sei für mich alles klar auf dieser Welt, und ich wüßte, wie man leben soll. Lieber Ivan Romanyč, ich weiß alles. Der Mensch muß sich mühen, arbeiten im Schweiße seines Angesichts, wer er auch sei, und darin allein liegt der Sinn und das Ziel seines Lebens, sein Glück, seine Seligkeit. Wie schön, ein Arbeiter zu sein, der bei Morgengrauen aufsteht und auf der Straße Steine klopft, oder ein Hirte, oder ein Lehrer, der Kinder unterrichtet, oder Maschinist bei der Eisenbahn... Mein Gott, das ist es doch nicht, daß man ein Mensch ist, lieber ein Ochse sein, lieber ein einfaches Pferd sein, nur arbeiten, als eine junge Frau, die um zwölf Uhr mittags aufsteht, dann im Bett Kaffee trinkt, dann sich zwei Stunden lang anzieht... oh, wie ist das entsetzlich! Bei heißem Wetter möchte man manchmal so trinken, wie ich jetzt arbeiten möchte. Und wenn ich nicht ab sofort früh aufstehe und arbeite, dann kündigen Sie mir Ihre Freundschaft auf, Ivan Romanyč.«

Marc Aurel: »Früh, wenn's dir leid tut, schon aufgewacht zu sein, sage dir gleich, du seist erwacht, dich menschlich zu betätigen. Um der Tätigkeit willen bist du geboren und in die Welt gekommen, und du wolltest verdrießlich sein, daß du ans Werk mußt? Oder bist du dazu geschaffen, in den Federn liegend dich zu pflegen? Freilich ist dies angenehmer, aber bist du um des Vergnügens willen da, nicht vielmehr, um etwas zu schaffen und dich anzustrengen? Sieh alle Kreaturen, die Sperlinge, die Ameisen, die Spinnen, die Bienen, wie jedes sein Werk vollbringt und jedes in seiner Weise an der Aufgabe des Ganzen arbeitet! Und du wolltest das deinige nicht tun? Nicht den Weg gehen, den die menschliche Natur dir vorschreibt?«

Nicht ohne Grund hatte Čechov am 9. April 1889 an Lenskij geschrieben: »Lesen Sie alles der Reihe nach, denn alles ist gleichermaßen gut.«

Čechovs Beziehung zur Philosophie Marc Aurels, die 1888 beginnt und die mit der letzten namentlichen Erwähnung des Philosophen mitnichten endet, ist vielschichtig und komplex. Gedanken und Erkenntnisse Marc Aurels sind in großer Zahl in Čechovs Werk eingegangen und zwar in einer Direktheit und Intensität, daß die Unterscheidung, ob Čechov sich an betreffender Stelle auf Marc Aurel beruft, ob er einen Gedanken zitiert oder frei und selbständig abwandelt, schwerfällt. Es hat mehr als nur den Anschein, als sei das Denken beider, des Philosophen und des Dichters, ab 1888 eine untrennbare, symbiotische Verbindung eingegangen, die für Čechov bis ans Ende seines Lebens Bestand hatte. Denn die Fragen, die der Philosoph auf dem Wege zur

Erkenntnis aufwarf, waren in gleichem Maße die Fragen des Dichters, der nicht müde wurde, diese eine Frage zu stellen: Wie soll man leben? Für Čechov stand diese Frage von allem Anfang an im Zentrum, sie findet sich bereits in seinem ersten Theaterstück, den *Vaterlosen,* in dem Platonov fragt: »Warum leben wir nicht so, wie wir leben könnten?«

Zur vorliegenden Ausgabe

Zugrunde liegt ihr der russische Text von Čechovs Handexemplar *Razmyšlenija imperatora Marka Avrelija Antonina o tom, čto važno dlja samogo sebja,* Tula 1882, das in Jalta im Haus Čechovs aufbewahrt wird, dort abgeschrieben vom Herausgeber.

Der russische Text findet sich auch im Anhang zu A. V. Chanilos *Ličnaja biblioteka A. P. Čechova v Jalte* [Die persönliche Bibliothek Čechovs in Jalta], Band 6 der von Wolf Schmid herausgegebenen Reihe *Slavische Literaturen,* Frankfurt-Berlin-Bern, Peter Lang, 1993.

Im Unterschied zu dieser Ausgabe folgt der hier vorgelegte Text nicht der Reihenfolge innerhalb des von Čechov bearbeiteten Bandes, sondern ordnet die von Čechov gelesenen und markierten Textstellen unter den Überschriften Čechovs alphabetisch. Bei den wenigen Texten, die Čechov nicht mit einer Überschrift versehen hat, stammt der Titel – in eckigen Klammern – vom Herausgeber. Um die Auffindbarkeit der von Čechov gelesenen Stellen in deutschen Ausgaben der *Selbstbetrachtungen* zu erleichtern, sind die Stellenangaben transponiert auf die vollständige Ausgabe des

Buches und folgen nicht den anderslautenden Stellenangaben des Čechovschen Handexemplars.

Die deutsche Übersetzung stützt sich auf die von C. F. Schneider 1864 in der Gestalt, in der sie der Verlag Phaidon wieder zugänglich gemacht hat [Essen 1990] und die dem Sprachstand der russischen Übersetzung von L. D. Urusovs Übersetzung am nächsten kommt. Auch die Schneidersche Fassung enthielt 1864 etwa 100 Aphorismen weniger als das griechische Original, die fehlenden Nummern sind später nach der Übersetzung von Cless 1866 ergänzt worden. Im Falle gravierender begrifflicher Abweichungen folgt der deutsche Text jedoch dem Urusovs, denn nur in Urusovs Übersetzung hat Čechov Marc Aurel kennengelernt, und nur der Text interessiert, den Čechov als die *Selbstbetrachtungen des Marc Aurel* gelesen hat.

Anton Čechov
liest
Marc Aurel

Aberglaube

Aberglaube und Vorurteile nannte Sokrates Popanze, mit denen man nur unvernünftige Kinder erschrecken kann. XI/23

Arbeit

Denke nicht, wenn dir eine höchst schwierige Arbeit bevorsteht, sie übersteige des Menschen Kräfte. Wenn etwas möglich und in den Kräften auch nur eines einzigen Menschen steht, so sei überzeugt, es ist auch für dich erreichbar. VI/19

Der Mensch sündigt nicht allein durch seine Taten, sondern oft auch durch Tatenlosigkeit. IX/5

Arbeite beständig, sieh deine Arbeit nicht als Elend oder Bürde an und wünsche dir für sie kein Lob und keine Anteilnahme. Das allgemeine Wohl sei der Hebel, durch den dein Tun die Richtung erlange. IX/12

Arbeit, Werk

Beginne kein Werk, ohne dich zu fragen: was will ich eigentlich erreichen, werde ich meinen Schritt nicht bereuen? Noch eine kurze Zeit, und ich werde sterben, alles wird für mich aufhören. Es lohnt die Mühe, sich nurmehr um das zu sorgen, ob ich im gegebenen Augenblick ein gutes Werk vollbringe, würdig eines vernunftbegabten Wesens, das dazu da ist, nach Gottes Gesetz mit den Menschen in Frieden zu leben. VIII/2

Belehren

Belehre, wenn du kannst, die Menschen und bessere sie; wenn du darin keinen Erfolg hast, bedenke, daß der Mensch gerade in diesem Falle Nachsicht üben soll. IX/11

Wenn du bemerkst, daß jemand sich geirrt hat, belehre ihn nachsichtig und weise ihn darauf hin, wo er sich geirrt hat. Hat dein Versuch keinen Erfolg, so gib dir selbst die Schuld oder besser, gib niemandem die Schuld, aber bleibe nachsichtig. X/4

Niemand wird das Lesen und Schreiben lehren können, der es selbst nicht gelernt hat; wie kann jemand die Menschen darin unterweisen, was sie tun sollen, wenn er selbst nicht weiß, was er tun soll? XI/29

Beleidigung

Wenn dich jemand gekränkt hat, so werde dir sofort darüber klar, welche Absichten der Beleidiger hatte, und welche Ansichten darüber, was gut und was schlecht ist. VII/26

Beleidigung, Feind

Beobachte dich vom frühen Morgen an und sage dir: ich kann heute einem fürwitzigen, undankbaren, unverschämten, heuchlerischen, aufdringlichen oder bösen Menschen begegnen, denn mit solchen Makeln ist jeder behaftet, der in Wahrheit nicht weiß, was gut ist und was schlecht. II/I

Also ist es wider die Natur, miteinander in Feindschaft zu leben. Unwillen aber und Abscheu in sich fühlen, ist eine Feindseligkeit. II/I

Beleidigung, Kränkung

Hat mich jemand beleidigt – so ist das seine Sache, es ist seine Neigung, seine Art zu handeln; ich habe meine eigene, die mir von der Natur gegeben worden ist, und ich bleibe, in allen meinen Handlungen, meiner Natur treu. v/25

Ehren

Ich habe mir oft die Frage gestellt: wie kann ein Mensch, der sich selbst mehr liebt als alle anderen, weniger Wert legen auf die eigene Meinung als auf die der anderen Menschen? Wenn irgendein weiser Lehrer, oder Gott selbst, dem Menschen auferlegen könnte, jeden seiner Gedanken, sowie er ihn nur gefaßt, laut auszusprechen, so könnte dieser ein solches Gebot keinen Tag lang ertragen. Also schämt sich der Mensch der Gedanken, die er vor Menschen nicht auszusprechen wagt, nicht, weil er die Meinung der anderen über sich selbst höher stellt als die eigene Meinung. XII/4

Ehrgeiz

Das Glück des Ehrgeizigen ist immer abhängig von anderen Menschen. VI/51

Eid

Eidschwur und Zeugenschaft mußt du immer entbehren können. III/5

Eigentum

Nichts ist Sache des Menschen, was ihn als Menschen nichts angeht, was von der menschlichen Natur weder gefordert noch verheißen wird und was nichts zu ihrer Vollendung beiträgt – was also auch kein Ziel menschlichen Strebens sein oder ein Gut genannt werden kann, d.i. ein Mittel, zu diesem Ziel zu gelangen. v/15

Mit mir trage ich immer mein Eigentum: Güte und Gerechtigkeit, die mir niemand nehmen kann.
VII/42

Enthaltsamkeit

Sich enthalten können und Maß bewahren im Genuß – das sind die Züge eines Menschen von starkem, unbezwinglichem Geist. 1/16

Feind

Ein dem Mensch eigentümlicher Vorzug ist die Fähigkeit, auch diejenigen zu lieben, die ihm feindlich gesonnen sind. Diese Liebe entsteht aus der Einsicht, daß die Menschen Brüder sind, daß sie wider Willen sündigen, daß den Beleidiger dasselbe Ende erwartet wie den Beleidigten, vor allem aber, daß eine Beleidigung dem Menschen nicht schaden kann, denn seiner Seele schaden kann nur er selbst.
VII/22

Wenn du zu bösen und unmenschlichen Menschen nicht nachsichtig bist, sondern grausam und unmenschlich, so hüte dich, so zu werden wie sie.
VII/65

Auch dein schlimmster Feind kann dir nichts anhaben, wenn du auf deiner Liebe zu ihm beharrst, wenn du ihn bei Gelegenheit ermahnst und, gerade wenn er im Begriff ist, dir weh zu tun, ihm freundlich zusprichst: nicht doch, Lieber; wir sind zu etwas anderem geboren; mir schadest du ja nicht, du schadest dir selber, Kind! Wenn du ihm so in sanfter Weise und alles wohlerwogen zeigst, daß sich dies so verhalte und daß nicht einmal die Tiere so verfahren, die in Herden zusammenleben. Freilich muß dies ohne alle Ironie geschehen, nicht mit dem versteckten Wunsche, ihn zu demütigen, sondern aus reiner Liebe und ohne das Gefühl erlittener Kränkung, auch nicht im Schulmeisterton oder im Beisein eines andern, sondern mit ihm allein, selbst wenn andere gegenwärtig wären. XI/18

Feinde

Wenn dich jemand tadelt, haßt oder schlecht von dir spricht, suche in sein Herz einzudringen und sieh nach, was für ein Mensch er ist; und du wirst sehen, daß du dich nicht zu beunruhigen brauchst, sosehr er dich auch beschimpfen mag. Sei gut zu ihm; denn in ihm lebt ein naher Verwandter, einer wie du, dem, wie dir, derselbe Gott hilft in all euren gemeinsamen Kümmernissen. IX/27

Freiheit

Du könntest längst frei von diesen Fehlern sein. v/5

Die Natur hat dich mit den anderen Menschen nicht so fest in einen gemeinsamen Teig vermengt, daß du dich nicht abgrenzen und nicht zum Bewußtsein deines freien Wesens gelangen könntest. Du selbst kannst, unabhängig von den anderen und ohne daß sie von dir wissen, das göttliche Prinzip in dir wecken, ohne daß du dich in den Wissenschaften und Künsten hervortust; bedenke, daß zum Glück es sehr wenig braucht. Niemand auf der Welt kann dich hindern, ein freier Mensch zu werden, der ehrlich ist, der seinem Nächsten hilft und über sich die Macht Gottes anerkennt. VII/67

Vergleicht man Alexander, Caesar und Pompeius mit Diogenes, Heraklit und Sokrates, wie wenig vorteilhaft ist dieser Vergleich für die einen. Alle drei Philosophen haben in Ruhe die ersten Ursachen und die eigentliche Natur der Dinge erforscht und sich freiwillig nur den frei gewählten Grundsätzen ihres Lebens unterworfen. Im Leben der drei Feldherren dagegen – welche Abhängigkeit von äußeren Dingen, welch endlose Unruhe! VIII/3

Bedenke, daß deine Vernunft, die in dir das Leben ausmacht, dich frei macht, wenn du sie nicht dem Dienst am Fleische unterwirfst. Die von der Vernunft aufgeklärte Seele des Menschen ist frei von Leidenschaften. VIII/48

Gericht

Wenn du jemanden eines Vergehens in Verdacht hast, prüfe, ob er wirklich schuldig ist: wenn du dessen sicher bist, bring in Erfahrung, ob er sich nicht schon selbst für dieses sein Vergehen verurteilt hat. Glaube mir, daß er in diesem Falle von seinem inneren Richter härter bestraft ist als von jedem äußeren Gericht. XII/16

Gesellschaft

Du aber sorge dafür, daß du nicht bist wie jener schlechte Vers, der das ganze Gedicht verhunzt.

VI/42

Glück

Achte auf die schwierigen Umstände deines Lebens; eigentlich hast du sie verdient: sie bringen dich der Beurteilung deiner Worte und Taten näher, zwingen dich zum Umdenken, jetzt, sofort das zu tun, was du dein Leben lang auf morgen verschieben würdest. VII/22

Gott

Wollte man aber annehmen, es gäbe keine Götter, oder sie kümmerten sich nicht um die Menschen – was soll mir das Leben in solch einer Welt? II/11

Das Leben soll gewidmet sein dem Dienst an dem in uns waltenden Gott. Dieser Dienst aber besteht in der Enthaltsamkeit von Leidenschaften und von unvernünftigem Handeln, in der Ergebenheit in das eigene Schicksal, in der Nachsicht, Liebe und Geduld gegenüber denjenigen Nächsten, die, da sie nicht wissen, was gut und was schlecht ist, Blinden gleichen, die Schwarz und Weiß nicht unterscheiden können. II/13

Alles, was geschieht, ist Gottes Wille. IV/26

Wenn alles auf der Welt von einem unbarmherzigen Gesetz regiert wird, welchen Nutzen hat dann dein Widerstand? Wenn es indes eine Vorsehung gibt, stell dich unter ihren Schutz. Wenn du aber auch die Vorsehung nicht anerkennst, sondern in allem nur die Willkür des blinden Zufalles siehst, so freue dich und frohlocke, daß du in diesem planlosen Wirrwarr der einzige bist, der, in seinem Geist, die Macht der Vernunft besitzt. In welche Wasser der blinde Strudel dein Fleisch und deine Seele immer treiben mag, dein Geist steht hoch über jeder Naturgewalt. XII/14

Gut und Böse

Nein, es wäre unvernünftig anzunehmen, die Vorsehung ließe das Gute und das Böse guten und bösen Menschen ohne Unterschied widerfahren. Tod und Leben, Ruhm und Ruhmlosigkeit, Leid und Freude, Reichtum und Armut – all dies widerfährt guten und bösen Menschen in gleicher Weise; also sind sie weder schön noch häßlich, auch weder gut noch böse. II/II

Für einen vernunftbegabten Menschen, der mit den anderen verkehrt, äußern sich Gut und Böse, Tugend und Laster nicht in Worten, sondern in Taten. IX/16

Gute Taten

Es gibt Menschen, die, wenn sie jemandem etwas Gutes getan haben, dies gleich als eine Gunstbezeigung verstanden wissen wollen; andere, die, auch wenn sie solche Ansprüche nicht erheben, doch sehr genau wissen wollen, was sie getan haben, und den, dem sie wohlgetan, bei sich zumindest als ihren Schuldner ansehen; endlich solche, die gewissermaßen nicht wissen, was sie getan haben – dem Weinstock gleich, der seine Trauben trägt und nichts weiter will, nachdem er die ihm eigentümliche Frucht einmal hervorgebracht hat. Das Pferd, das seinen Weg gelaufen ist, der Hund, der das Wild erjagt, die Biene, die ihren Honig bereitet hat, erhebt kein Geschrei, ruft niemandem zu: seht, das habe ich getan, sondern geht gleich zu etwas anderem über, wie der Baum wieder neue Knospen ansetzt zu seiner Zeit. So soll es auch beim Menschen sein, wenn er ein gutes Werk getan hat. v/6

Eine gute Tat so eng an die andere reihen, daß zwischen ihnen nicht der mindeste Zwischenraum bleibt – das nenne ich das Leben genießen. XII/29

[Handlungen]

Bedenke jede deiner Handlungen auf der Grundlage der höchsten sittlichen Prinzipien. IV/2

Herrscher

Recht hat Plato mit dem Satz: der Kaiser könnte lernen von den Hirten, denn, eingesperrt in die Mauern seiner Paläste, kennt er nicht die Bücher der Natur. x/23

Krieg

Die Spinne ist mit sich zufrieden, wenn sie eine große Fliege umgarnt, der Jäger, wenn er einen Hasen erlegt, der Fischer, wenn er eine Forelle gefangen hat; Großwildjäger sind stolz, wenn der Feldherr schließlich triumphiert über den besiegten Sarmaten. Sind sie nicht aber im Grunde, von der Spinne bis zum Feldherrn, dieselben Diebe und Räuber? x/10

Kunst

Die ursprüngliche Aufgabe der Tragödie war, die Unabwendbarkeit dessen zu zeigen, was auf der Welt geschieht, zugleich aber auch, daran zu erinnern, daß das Schauspiel, das uns auf der Bühne ergötzt, auf der Schaubühne der Welt keinen Anstoß erregen soll. Auf die Tragödie folgt die Komödie. Ihr Freimut war erzieherisch. Wir wurden durch ihr offenherziges Wesen gemahnt, Prunk und Stolz abzutun. Daher entlehnte sogar ein Diogenes nicht selten aus ihr. Dann kam die Komödie der mittleren Zeit, dann die neueste. Sie artete bald in ein künstlerisches Wesen der Nachahmung aus. Auch wenn wir nicht verkennen, daß sie manch Treffliches enthält, so frage ich doch: welchen Zweck denn eigentlich diese ganze dramatische Dichtung verfolge?
XI/5

Nie kann die Natur tiefer stehen als die Kunst, denn ihre vielfältigen Formen liegen jeder Kunst zugrunde. Vollkommenheit in der Natur steht höher als jede Vollkommenheit in der Kunst; in der Kunst, wie in der Natur, dient alles Niedrigere dem Höheren und ist ihm untergeordnet. XI/10

Leben

Bemühe dich also, und sei es für die wenigen dir noch verbleibenden Tage, wenn du einsam und verlassen bist, für dich das Beste zu finden: ein glücklicher Mensch zu sein, der die Quelle des Glücks in sich selber weiß. Das Glück liegt – im vernünftigen Denken, im wahrhaftigen Wort und in der guten Tat. v/36

Leiden

Wenn das Leiden ein Übel ist, dann für welchen Teil deines Wesens? Wenn für den Körper, so möge er sich beklagen, wenn für den Geist, so ist diesem die Macht gegeben, die Erregung zurückzuhalten, die Schmerz und Leiden verursachen. In dein vernunftbegabtes Wesen kann kein Schmerz eindringen.
VIII/28

Lob

Jegliches Schöne ist schön durch sich selbst und in sich vollendet, so daß ein Lob an seinem Wesen nichts ändert. Wird es doch durch Lob weder schlechter noch besser, und dies gilt gleichermaßen für die Schönheit der Materie wie die in der Kunst. Das wahrhaft Schöne bedarf des Lobes ebensowenig wie das Gesetz Gottes, die Wahrheit, die Güte, die Keuschheit. Oder vermag daran etwa das Lob zu bessern oder der Tadel zu verbergen? Wird die Schönheit des Edelsteins, des Purpurs, des Goldes, des Elfenbeins, die Schönheit einer Melodie, einer Blume oder eines Baumes dadurch geringer, nur weil man sie nicht lobt? IV/20

Nachkommenschaft

Was für ein Unsinn! Höchst unwillig rühmen wir die Verdienste unserer Zeitgenossen, wollen aber unbedingt berühmt sein bei den Nachkommen, die wir nicht kennen und nie kennen werden. Das ist doch gerade so, als würde es dich schmerzen, daß deine Vorfahren nichts an dir zu rühmen hatten.

VI/18

Nähe des Todes

Wie bald wirst du tot sein! Und noch immer bist du nicht frei von Verstellung und Leidenschaften, nicht frei vom Vorurteil zu meinen, daß Äußeres dem Menschen schaden könne, bist nicht nachsichtig gegen jedermann und noch immer nicht überzeugt, daß Gerechtigkeit die einzig wahre Klugheit ist!

IV/37

Name

Hast du dir den Namen eines ehrlichen, bescheidenen, wahrhaftigen, weisen und im Geiste starken Menschen erworben, so trage dafür Sorge, daß du ihn nicht verlierst. Läufst du, aus eigenem Verschulden, Gefahr, diesen Namen einzubüßen, so setze unverzüglich alle Kraft und Bemühung ein, ihn wiederzuerlangen. Bedenke, welche Verpflichtung dir dieser dein Name auferlegt. x/8

Natur, Welt

Hier, diese Gurke ist bitter – wirf sie weg. Hier auf dem Weg steht ein Dornenstrauch – geh um ihn herum, aber sage nicht: welchen Nutzen haben diese untauglichen Dinge. Denn der Naturforscher würde dich gründlich auslachen, so wie dich der Tischler und der Schuster auslachen würden, machtest du ihnen zum Vorwurf, daß in ihren Werkstätten Späne und Reste aller Art herumliegen. Mit dem Unterschied, daß diese Leute einen Ort haben, wohin sie diese Dinge werfen, wohingegen die Natur draußen nichts hat. Das Bewunderungswürdige ihrer Kunst besteht eben darin, daß sie, die sich lediglich selber begrenzt, alles was in ihr zu verderben, alt und unnütz zu werden droht, so in sich hinein verwandelt, daß sie daraus wieder etwas Neues macht, daß sie keines Stoffes außer sich selbst bedarf und das faul Gewordene nicht wegwerfen muß. Sie hat an ihrem eigenen Raum, an ihrem eigenen Material und an ihrer eigenen Kunst völlig genug.

VIII/50

[Nützlich]

Jeder wähle unbedingt das Beste für sich und halte sich daran; aber du wirst sagen, das Beste ist das, was mir nützlich ist ...

Nützlich für dich als vernunftbegabtes Wesen.

III/6

Philosophie

Wenn du eine Stiefmutter und eine Mutter zugleich hättest, so würdest du die eine zwar ehren, deine Zuflucht aber stets bei der anderen suchen. Dasselbe sind für mich – der Hof und die Philosophie: dorthin gehe ich auf Zeit, hier finde ich meine Ruhe. Die Philosophie aber hilft mir, den Hof zu ertragen, und hat mich selbst zu einem für meinen Hof fähigen Menschen gemacht. VI/12

Pflicht

Wenn du deine Pflicht erfüllst, so achte weder auf Hitze noch Kälte, weder auf Schlaflosigkeit noch darauf, was man über dich sagt – Gutes oder Schlechtes; fürchte weder Tod noch Gefahr. In einer Tat deines Lebens nämlich steckt unweigerlich der Tod verborgen. Deshalb ist die ganze Aufgabe nur, daß du, solange du lebst, im Gegenwärtigen deine Pflicht erfüllst. VI/2

Rache

Die beste Art, sich an jemandem zu rächen, ist, es dem Beleidiger nicht gleichzutun. VI/6

Rechtschaffenheit

Er brachte mir bei, daß man bei Hofe ohne Gefolge und Leibwache leben kann, ohne kostbare Gewänder, Fackeln, Bildsäulen und ähnlichen Pomp: daß die Großmut eines Herrschers, die Majestät seiner Person und sein fürs Allgemeinwohl segensreiches Wirken mitnichten eingeschränkt werden durch das Tragen einfacher Kleidung. I/17

Rede

Drücke deine Gedanken ohne Zierat aus, sei kein Schwätzer und kein Vielgeschäftiger. Mit einem Wort, dein Herr sei der Gott, der in dir ist. III/5

Richte nicht

Man muß alles Eitle und Vergebliche aus seinen Gedanken zu entfernen suchen, vorzüglich alle müßige und nichtswürdige Neugier, und sich nur an solche Gedanken gewöhnen, über die wir sofort, wenn man uns plötzlich fragt: »Was denkst du gerade?«, offen und ohne nachzudenken Rechenschaft geben können. III/4

Wieviel Zeit könnte jeder sparen, wäre er nicht damit beschäftigt, was die anderen tun, sagen oder denken, sondern nur damit, selber ein aufrechter und gerechter Mensch zu sein. IV/18

Wenn du aufwachst, frage dich sogleich: geht es mich etwas an, ob ein anderer ehrlich und gerecht handelt? Nein, es geht dich nichts an. X/13

Wenn du über die Handlungen eines anderen richtest, frage unbedingt zuerst: welches waren seine Beweggründe und wie hättest du an seiner Stelle gehandelt. X/37

Ruhm

Wörter, die ehemals im Gebrauch waren, sind nun veraltet und vergessen, wie auch die Namen einst hochberühmter Männer; z. B. eines Camillus, Scipio, Cato, eines Antoninus. Sie verblassen bald, nehmen den Charakter einer Legende an und sind danach versunken in Vergessenheit.

Dies gilt auch dem Andenken derer, die ehemals so wunderbar geleuchtet haben; denn das Andenken an die anderen verschwindet, sobald sie nur tot sind, augenblicklich, so als hätte es sie nie gegeben, als hätte von ihrem Dasein niemand je gewußt. Unvergessensein ist also ein leeres Wort. Aber was ist es, wonach zu streben sich lohnt? Nur das eine: Beständigkeit in deinen Überzeugungen, ein Leben zum Wohle der anderen, Gerechtigkeit in allem und ein Zustand des Geistes, wonach dir alles, was geschieht, notwendig scheint als ein Gut, fließend aus der Quelle, mit der du untrennbar verbunden bist.

IV/33

Wie lange noch, und du bist Staub und Asche! und nur dein Name lebt noch, ja nicht einmal er, denn er ist nur ein leerer Schall. Alles, was im Leben hoch geschätzt wird, ist nichtig und faul; in ihrem Leben sind die Menschen wie Hunde, die sich um einen Knochen beißen, oder wie Kinder, die sich zanken und weinen, und dann wieder lachen. Glaube aber und Ehrfurcht, Gerechtigkeit und Wahrheit – entflohen »zum Olymp, der weitstraßigen Erde«! Was also hält dich noch hier? Alles sinnlich Erfahrbare ist unbeständig und stetig im Wandel begriffen, die Sinne selbst sind trübe und leicht zu täuschen, und was man die Seele nennt, ist ein Aufwallen des Blutes. Wie eitel und nichtig ist der Ruhm in solch einer Welt! v/33

Wenn du die Quelle kenntest, aus der die menschlichen Urteile und Interessen fließen, du würdest dich nicht länger bemühen um gutes Zeugnis und Lob der Menschen. VII/62

Wer nicht weiß, was die Welt ist, in der er lebt, weiß auch nicht, wo er lebt; wer nicht weiß, was sein Leben ist, weiß nicht, wer er ist; wer weder das eine noch das andere weiß, für den ist das Leben ohne Sinn und er weiß nicht, wofür er da ist.

Was aber sagst du von einem Menschen, der um den lauten Beifall einer Menge von Blinden buhlt, die weder wissen wo noch was sie sind? VIII/52

Die Macht des Geistes über das Fleisch befreit dich vom Druck der alltäglichen Sorgen, von deinem Hang zu Luxus, Ehre und Ruhm. XII/2

Ruhm und Ehren

Schäme und verachte dich, du hast nicht die Zeit, dich zu überschätzen und nach Ehren zu streben; denn Ehren halten nur für kurze Zeit vor; diese Zeit ist schon vertan, und du hast noch immer keine Achtung vor dir selbst, du denkst noch immer, dein Glück hinge ab von der Meinung der anderen.

II/6

Schicksal

Jeder Mensch, der den Prüfungen seines Lebens mit Zorn und Erbitterung begegnet, ist wie ein Schwein, das mit allen Vieren um sich tritt und schreit, wenn es zur Schlachtbank geführt wird. Bedenke, daß die Eigentümlichkeit, die ein vernunftbegabtes Wesen auszeichnet, die freiwillige Unterordnung und sein Schicksal ist, nicht der beschämende Kampf dagegen, wie er nur Tieren eignet. x/28

Schicksal, Los

Wie zur Sommerzeit die Rosen und zum Herbst die Früchte gehören, so gehört zu jedem Menschen das Schicksal, doch dieses ist für ihn ein Gut, mögen es die Menschen auch Krankheit nennen, Tod oder Schimpf und Schande. IV/44

Wie immer dein Schicksal auch sei, du mußt aus zwei Gründen mit ihm zufrieden sein. Erstens, weil es dein eigenes, dir persönlich zugeteiltes Los ist, durch das du Teil hast am Ganzen, wie das Glied einer Kette, die dich mit dem ersten Grunde verbindet. Zweitens, weil es der Grund des vollkommenen Glückes, ja fürwahr auch des Bestehens dessen ist, der alles regiert. Denn es ist eine Verletzung des Ganzen in seiner Vollständigkeit, wenn du den geringsten seiner Bestandteile – und seine Bestandteile sind immer auch zugleich Ursachen – aus seiner Verbindung und seinem Zusammenhang reißest. Und – soweit das in deiner Macht steht, reißest du wirklich los und trennst, was zusammengehört, sobald du murrst über dein Schicksal. V/8

[Sinn des Lebens]

Den Sinn des Lebens begreifen. 11/5

Stolz

Der unerträglichste Mensch ist der Stolze, der sich hinter der Maske der Demut versteckt. XII/27

Talent

Jeder kann ehrlich, aufrichtig, arbeitsam, enthaltsam und nüchtern sein, kann den sinnlichen Genuß mäßigen und mit seinem Schicksal zufrieden sein. Siehst du nun, wieviel du vom heutigen Tage an erfüllen kannst, ohne die Ausrede, du seist dazu nicht fähig oder nicht begabt. v/5

Dein Mangel an Begabung reichte völlig hin, dich selbst zu bessern. v/5

Tod

Wie schnell doch alles verschwindet! In der materiellen Welt die Körper, im Gedächtnis des Menschen – die Erinnerung an sie. Was ist doch alles Sinnliche, zumal was durch Vergnügen anlockt oder durch Schmerz abschreckt oder in Stolz und Hochmut sich breitmacht! Wie nichtig und verächtlich, wie schmutzig, hinfällig, tot! – Man folge dem Zug des Geistes; man frage nach denen, die sich durch Werke des Geistes berühmt gemacht haben; man untersuche, was eigentlich sterben heißt (und man wird, wenn man der Phantasie keinen Einfluß auf sein Denken gestattet, darin nichts anderes erkennen als ein Werk der Natur: kindisch aber wäre es doch, vor einem Werk der Natur, das derselben ohnehin auch noch zuträglich ist, sich zu fürchten); man mache sich klar, wie der Mensch Gott erfaßt und mit welchem Teil seines Wesens, und wie es mit diesem Teil des Menschen bestellt ist, wenn er Gott erfaßt hat.

II/12

[Zu ›Tod‹ vgl. auch ›Widerspruch‹, S. 106]

Welchem Geschlecht, Alter, Beruf, welcher Stellung und Abkunft du auch angehören magst, sei immer bereit, wenn deine Stunde schlägt, gern und freudig zu gehen. III/5

Richte dich nicht ein, als könntest du hundert Jahre alt werden; denn wie nahe ist vielleicht dein Ende. Aber solange du lebst, solange es in deiner Macht steht – tu Gutes. IV/17

Wer sich vor dem Tode fürchtet, fürchtet sich entweder vor dem Erlöschen jeglicher Empfindung, oder er fürchtet sich davor, anders zu empfinden als im irdischen Leben. Aber wenn du nichts mehr fühlst – so gibt es weder das Böse noch Leiden; wenn indessen die Wahrnehmungen andere werden, so bedeutet das nur, daß sich die Natur des Menschen verändert, er aber nicht aufhört zu leben.
VIII/58

Das Ende des menschlichen Tuns, das Erlöschen der Fähigkeit zu empfinden und zu denken – mit einem Worte der Tod –, ist kein Übel. Sind doch auch die Übertritte des menschlichen Lebens aus einem Alter in ein anderes eine Art Tod; Kind, Jüngling, und Mann – sie sterben im Greis. Was ist daran schlecht?

Nicht anders der Wechsel der Zeiten und Jahrhunderte; die Lebenszeit unserer Großväter wurde abgelöst durch die der Väter usw. Alle diese Veränderungen kann man nicht Übel nennen. Ist es nicht genau dasselbe, wenn deine Lebenszeit, weil sie endet, abgelöst wird durch die eines andern? IX/21

Es gibt den Menschen nicht, bei dessen Tod nicht irgend jemand in Gedanken ausrief: »Gott sei Dank!« Ist es auch ein trefflicher und weiser Mensch, am Ende findet sich doch immer jemand, der aufatmend von ihm sagt: Nun werde ich von meinem Zuchtmeister erlöst; er war zwar keinem von uns lästig, aber ich hatte immer das Gefühl, als verdamme er uns stillschweigend alle miteinander! Und das beim Tode eines Trefflichen! Wie vieles mag unsereiner also an sich haben, um dessentwillen so mancher wünscht, von uns befreit zu werden. Daran denke in deiner Todesstunde! X/36

Es ist unvernünftig, sich der Ungeduld oder dem Zorn hinzugeben, da doch jeder von uns morgen schon im Grabe liegen kann. XI/18

Wenn du siehst, daß auch die besten Menschen sterben, sage dir, dem muß so sein. Bedenke, daß der

Versuch, diese Frage zu lösen, bedeuten würde, mit der Gottheit zu rechten oder Klage gegen sie zu führen. Uns bleibt, uns auf Gottes Gnade und Barmherzigkeit zu verlassen in der Überzeugung, daß Er, bei der Errichtung der Welt, nichts außer acht gelassen hat, was die Vernunft zum Wohle des Menschen erfordert. XII/5

Überzeugung

Seine Meinung zu ändern und dem beizupflichten, der unseren Irrtum berichtigt, bedeutet nicht, daß man die eigene Selbständigkeit aufgäbe. VIII/15

Überzeugungen

Von Maximus konnte ich lernen, daß jeder fest nach seinen Überzeugungen handeln muß und niemals sich dem Denken der anderen beugen darf.

I/15

Zweierlei muß der Mensch stets bereit sein zu erfüllen: erstens, er muß sich in seinen Handlungen leiten lassen von den höchsten Gesetzen der Vernunft, deren Forderungen in allem übereinstimmen mit dem Wohle des Nächsten; zweitens, er darf nicht auf seiner Meinung beharren, wenn einer da ist, der sie berichtigen und ihn so von ihr abbringen kann. Im übrigen – jede Änderung der Überzeugung muß ihre Berechtigung darin finden, daß die neue Ansicht der Gerechtigkeit und der Wahrheit näher steht, und nicht darin, daß sie Annehmlichkeiten und Vorteile verschafft. IV/12

Unglück

Die Ursache deines Unglücks sitzt nicht in anderen Menschen, auch nicht in der Wendung deiner äußeren Verhältnisse. Wo aber dann? fragst du. In deinem eigenen Urteil oder deiner Meinung. Halte, was dir widerfährt, nicht für ein Unglück, und alles steht gut. IV/39

Nie kann dem Menschen etwas widerfahren, das zu ertragen er nicht imstande wäre. Unablässig siehst du Menschen, die, aus Unwissenheit oder um zu prahlen, standhaft und ruhig alle Unglücksfälle und Leiden ertragen. V/18

Endlich habe ich mich befreit von allem Kummer und Leid! Sag lieber: du hast allen Kummer abgeworfen, und dies konntest du nur, weil Kummer und Leid dein persönliches Verhältnis zu den äußeren Umständen sind, in denen es weder Kummer noch Leid gibt; sie gibt es nur dann, wenn Erbitterung in dir aufsteigt, und deshalb steht es auch in deiner Macht, dich von ihr zu befreien. IX/13

Solange du nicht begreifst, daß das Gute und das Schlechte nicht zu den äußeren Dingen zählen, die an sich weder gut noch schlecht sind, sondern daß das Gute und das Schlechte nur in deinem Verhältnis zu den äußeren Umständen und Dingen bestehen, so lange wirst du, wenn dich ein Unglück trifft oder dir ein Mißgeschick widerfährt, immer Gott anklagen und die Menschen hassen, als seien sie an deinem Unglück schuld. VI/41

Deine unendlichen Leiden kommen lediglich deshalb zustande, weil sich deine Seele nicht damit begnügt hat zu tun, was ihren Kräften angemessen war. IX/26

Es steht in deiner Macht, eine Menge Sorgen im Leben von dir fernzuhalten, denn in Wirklichkeit gibt es sie, zum größten Teile, gar nicht, sie entstehen nur in deiner Vorstellung und stürzen dich nur in Verwirrung. IX/32

Verbrechen

Kannst du vernünftigerweise einem Menschen zürnen, der ein dir ekelhaftes körperliches Gebrechen hat? Was kann er dafür, daß dir seine Nähe widerwärtig ist? Genauso verhalte dich gegenüber sittlichen Gebrechen. Aber, wirst du sagen, der Mensch hat seine Vernunft, er kann erkennen, was ihm fehlt. Sehr richtig. Folglich hast auch du deine Vernunft und kannst deinen Nächsten durch vernünftiges Verhalten zur Vernunft bringen, kannst dich ihm offenbaren, ihn ermahnen und so, wenn er auf dich hört, ihn heilen, ohne daß du es nötig hättest zu zürnen, zu seufzen oder hoffärtig zu sein. V/28

[Vergänglichkeit]

Denn alles Menschliche ist vergänglich und nichtig.
IV/48

Verleumdung

Wenn ein Wahnsinniger, der vor einer reinen Quelle steht, diese verwünscht und verflucht, hört die Quelle dann auf, ihr durchsichtiges Wasser zu strudeln? Und wenn er Schmutz und Schlamm hineinwürfe, würde sie diese nicht sofort ausscheiden und hinwegspülen, um rein zu bleiben wie zuvor? Auch du bist im Besitz einer solchen ewig reinen Quelle, wenn du deine Seele frei und liebevoll, einfach und ehrfürchtig zu bewahren weißt. VIII/51

Vernunft

Wenn also diese Eigenschaften allen Lebewesen gemeinsam sind, so ist, was den vernunftbegabten Menschen auszeichnet: er wird das Heiligtum seines Herzens nicht entweihen, er wird, was ihm das Schicksal bestimmt hat, heiter aufnehmen, wird leben in der Herrschaft Gottes, sich nicht verstricken in müßigem Denken und weder mit Worten sündigen wider die Wahrheit noch mit Taten gegen die Gerechtigkeit. III/16

Wenn du Vernunft hast, warum gebrauchst du sie nicht? Tut sie ihre Pflicht – was kannst du mehr verlangen? IV/13

Denn nichts wird dich zwingen, der Vernunft zu gehorchen. Man muß sich ihr vielmehr vertrauensvoll hingeben. V/9

Ich nenne die den Menschen lenkende Macht die Vernunft, die ihm den Sinn all dessen erklärt, was mit ihm geschieht. VI/8

Vollkommenheit

Arbeite an dir, bis das Leben, gemäß der Bestimmung des Menschen, für dich ebenso freudvoll ist wie die flüchtige Lustbarkeit für Menschen, die dem Luxus und dem Genuß ergeben sind. x/33

Wahrheit

Jeder, der nicht für die Wahrheit ist, ist gegen sie, denn der Mensch ist von Natur dazu bestimmt, die Wahrheit zu erfüllen. IX/I

Wandel der Materie

Denn wenn es den Elementen, die unser Fleisch bilden, eigen ist, eines in das andere überzuwechseln, so gibt es keinerlei Grund, sich davor zu fürchten, wenn plötzlich eben diese Umwandlung uns widerfährt. Was in der Natur der Dinge liegt, kann kein Übel sein. II/17

Umwandlung ist das allgemeine Gesetz; die Natur liebt nichts so sehr, als Vorhandenes zu verändern und voller Liebe die veralteten Formen zu erneuern. Jedes Wesen trägt in sich den Samen eines künftigen Lebens, und es wäre ein großer Irrtum, nur das als Samenkorn anzusehen, was der Erde anvertraut oder was vom Mutterschoß aufgenommen wird. IV/36

Der Tod hat Alexander den Großen und seinen Maultiertreiber auf eine Stufe gestellt, denn mit beiden ist eines von beidem geschehen: entweder sind beide zurückgekehrt an die eine einzige Quelle der nie versiegenden Schöpfungskraft, oder beide haben sich auf gleiche Weise in ihre Bestandteile aufgelöst. VI/24

Welt

Die Welt ist ein einziges Lebewesen, eine Weltmaterie und eine Weltseele. Aus diesem Weltbewußtsein entsteht alles, und alles kehrt dahin zurück, so daß jedes Einzelwesen in unzertrennlicher organischer Verbindung zu allen übrigen steht. IV/40

Die Welt ist wie ein Strom, in dem das eine unaufhörlich durch anderes ersetzt wird und alles sich aufs Dasein vorbereitet. Kaum ist etwas an seine Oberfläche gespült worden, ist es auch schon verschlungen! Du schaust auf die Stelle, wo eben etwas verschwunden ist, schon trägt die Woge etwas anderes herbei. IV/43

Entweder ist die Welt nichts anderes als ein Gebräu des Zufalls, Verflechtung und Zerstreuung, oder aber es gibt eine Einheit, eine Ordnung, eine Vorsehung. Nehme ich das erste an, wie kann ich wünschen, in diesem planlosen Gemisch, in diesem allgemeinen Wirrwarr zu verweilen? Was könnte mir lieber sein, als so bald wie möglich zu Erde zu werden? Denn was ich auch anfinge, die Auflösung wartete meiner. Ist aber das andere, so bin ich von Ehrfurcht erfüllt und heiteren Sinnes, voll Vertrauen auf den Herrscher des Alls. VI/10

[Weniges]

Demokrit sagt: »Wenn du willst, daß du dich wohl befindest, darf sich deine Tätigkeit nur auf wenige Dinge erstrecken.« IV/24

Widerspruch

Im Gegenteil, er [der Tod] ist ein Gut. XII/23

Wie leben

Du mußt dich daran gewöhnen zu denken und zu handeln, als sei das Ende deines Lebens schon da.
II/II

Man muß sich also beeilen, in ein vernünftiges Leben einzutreten, und darf nicht aufhören, sich des blinden fleischlichen Lebens zu entwöhnen, nicht nur, weil der Tod ja jede Stunde auf der Schwelle stehen, sondern auch, weil das Licht, das des Menschen Leben erhellt, erlöschen kann. III/I

Es ist zur Gewohnheit geworden, sich zu Zeiten aufs Land, in die Berge, ans Meer zurückzuziehen, und auch du sehnst dich vielleicht dorthin. Im Grunde genommen aber steckt dahinter eine große Beschränktheit und Einseitigkeit. Es steht dir ja frei, zu jeglicher Stunde dich in dich selbst zurückzuziehen, und nirgends finden wir eine so friedliche und ungestörte Zuflucht als in der eignen Seele, sofern wir nur einen Funken von Wahrheit in uns tragen, den wir brauchen, um uns in eine vollkommen ruhige und glückliche Stimmung versetzt zu sehen. Also ziehe dich beständig in dich zurück, um dich immer wieder aufzufrischen. IV/3

Beginne jetzt sofort ein Leben zu leben, das du, deiner Berechnung nach, erst im Angesicht des Todes beginnen würdest zu leben. V/29

Nur eines im Leben ist von hohem Wert: Wahrheit und Gerechtigkeit zu üben; im unablässigen Widerstreit gegen menschliche Lüge und Ungerechtigkeit selbst nicht müde zu werden, Nachsicht zu üben. VI/47

Lebe so, als müßtest du jetzt aus dem Leben scheiden, als sei die dir noch verbleibende Zeit ein unverhofftes Geschenk. VII/56

Mögen andere ihre Freude haben, woran sie wollen; ich finde sie im gesunden Menschenverstand und in meinem Herzen, das frei ist von Zorn; ich finde sie darin, daß mir nichts Menschliches fremd ist, sondern daß ich, im Gegenteil, alles Menschliche als etwas mir Nahes ansehe. VIII/43

Suche nicht nur, das Herz jedes Menschen zu erkennen, sondern dein eigenes Herz auch jedem anderen zu öffnen. VIII/61

Eine aufgeklärte Seele hat die Macht, fehlerfrei und selbständig ihre Bestimmung zu erfüllen, unabhängig von Zeit und Ort. XI/1

Willkür

Willkür erzeugt Haß, Gewissenlosigkeit und Heuchelei. 1/11

Wissen

Von jedem Gegenstande, der sich deinem Nachdenken darbietet, suche dir stets einen klaren und bestimmten Begriff zu machen, so daß du weißt, von welcher Natur er ist.

Denn nichts stärkt die Kräfte des Geistes so sehr, als wenn man imstande ist, sich von jeder im Leben gemachten Erfahrung, dem Wesen ihres Gegenstandes und ihrer Vermittlung nach, Rechenschaft zu geben, und alle Begebenheiten so anzusehen, daß man bei sich überlegt, in welchem Zusammenhang sie erscheinen und welche Stelle sie in demselben einnehmen, welchen Wert sie für das Ganze haben und was sie dem Menschen bedeuten. III/II

Erwirb dir die Kenntnis, die Art der Verwandlung aller Dinge ineinander wissenschaftlich zu untersuchen. Merke beständig darauf und übe dich in diesem Fach! Denn nichts fördert so gut die Hochherzigkeit. Wer diese besitzt, hat seinen Körper schon abgestreift, und wenn er bedenkt, daß er in gar nicht langer Zeit dies alles verlassen muß, so übergibt er sich in betreff dessen, was er leistet, ganz allein der Rechtschaffenheit, in betreff seiner Schicksale aber der Natur. Was jedoch andere über ihn sagen oder urteilen oder ihm zuleide tun mögen, das ficht ihn nicht an. Denn mit den zwei Punkten, erstens, das gut zu tun, was man zu tun hat, und zweitens, in Liebe hinzunehmen, was einem beschieden ist, läßt er alle anderen Aufgaben und Ziele fahren. Er will nichts, als auf dem Pfade des Gesetzes seinen Zweck zu verfolgen und also der Gottheit nachzustreben, die gleichfalls geraden Wegs auf ihr Ziel zugeht.

x/11

Ziel des Lebens

Wer im Leben nicht das eine, einmal gewählte Ziel verfolgt, der kann sich selbst nicht treu bleiben. Doch damit nicht genug, man muß auch noch sagen, welcher Art dieses Ziel sein muß. Dieses Ziel ist das eigene Wohl, weshalb man mit Bestimmtheit wissen muß, was das Gute ist, das zu diesem Wohle führt. Aber man darf für Güter nicht persönliche Vorteile und Freuden halten, die gemeinhin für solche gehalten werden. Echte Güter gibt es nur wenige. Nur das ist ein echtes Gut und gut, das gut und ein Gut ist für alle. Deshalb muß, damit der Mensch nicht vom gewählten Ziel abkommt, das Ziel ein gutes sein, in Übereinstimmung mit dem Wohl der Allgemeinheit. Wer sein Tun auf ein solches Ziel richtet – erwirbt sich das Wohl, indem er jedermann Gutes tut und sich so ein Leben lang treu bleibt. XI/21

Ziel und Sinn des Lebens

Die grobe Menge legt, zum großen Teil, höchsten Wert auf Stoff und Materie, wie diese in der Natur vorkommen, z.B. auf Stein, Holz, Früchte, Feigen, Oliven, Weintrauben. Ein wenig gebildetere Menschen erkennen den Nutzen der belebten Natur: sie lieben Tiere, widmen sich der Viehzucht; noch eine Stufe höher sehen wir Menschen, die die Fähigkeit zu denken schätzen, doch nicht in ihrer höchsten Erscheinung, sondern angewandt aufs Handwerk, auf die Kunst und Industrie. Wer aber nichts Edleres und Höheres kennt als die allgemeine Vernunft, dem ist all jenes nichtig und unbedeutend. Er kennt kein anderes Interesse, als daß seine Vernunft der allgemeinen Vernunft entspreche und so sich jederzeit bewege, und daß er andere seinesgleichen ebendahin bringe. VI/14

Zorn

Das wird dir gelingen, sobald du dir angewöhnt hast, jede deiner Handlungen als die letzte deines Lebens anzusehen. II/5

Spürst du, bedrängt von Unannehmlichkeiten, einen Zornesausbruch oder Empörung in dir aufsteigen, so ziehe dich rasch in dich selbst zurück und ergib dich nicht dem Eindruck, der dich der Selbstbeherrschung berauben könnte. Je öfter wir uns darin üben, kraft des Willens eine ruhige Geistesverfassung wiederzugewinnen, desto fähiger werden wir, sie immer wieder zu behaupten. VI/11

Dein Zorn und Unwille über schlechte Handlungen anderer schaden dir selbst ungleich mehr als die Handlungen selbst. XI/18

Wenn sich der Mensch dem Zorn hingibt, vergißt er, daß alles auf der Welt dem allgemeinen Gesetz unterworfen ist, daß ihm das Vergehen eines anderen nicht schadet, daß alles auf der Welt so ist, wie es immer war und sein wird, daß alle Menschen Brüder sind und daß diese enge Vereinigung nicht in Fleisch und Blut besteht, sondern in der Vernunft und im Geist: er vergißt, daß die Vernunft in jedem Menschen der Gott ist und von Gott ausgeht, daß der Mensch nichts Eigenes hat, sondern daß ihm alles von Gott gegeben ist, daß er sein Leben nur im gegenwärtigen Augenblick lebt und folglich der Verlust des Lebens nur der Verlust des einen gegenwärtigen Augenblickes ist. XII/26

Zorn, Unmut

Ungerecht ist es, unmutig zu sein über Menschen, die das Ziel zu erreichen suchen, das ihnen nützlich erscheint. Du verfällst jedoch bis zu einem gewissen Grade in diese Ungerechtigkeit, wenn du ihnen zürnst, weil sie, beim Verfolgen dieses Zieles, zu verwerflichen Mitteln greifen. VI/27

[Zufall]

Du mußt alles, was dir widerfährt, willkommen heißen, selbst das Bitterste, denn das Ziel solcher Zufälligkeiten ist ja nichts anderes als das Wohl und die Ganzheit der Weltschöpfung, das Wohl und das Glück des Höchsten Wesens. v/8

Zwiesprache mit Gott

Suche deine Freude und Ruhe in der Zwiesprache mit Gott, indem du immer das Gute tust. VI/7

Inhalt

Vorwort 5

Aberglaube 33
Arbeit 34
Arbeit, Werk 35

Belehren 36
Beleidigung 37
Beleidigung, Feind 38
Beleidigung, Kränkung 39

Ehren 40
Ehrgeiz 41
Eid 42
Eigentum 43
Enthaltsamkeit 44

Feind 45
Feinde 47
Freiheit 48

Gericht 50
Gesellschaft 51
Glück 52
Gott 53
Gut und Böse 55
Gute Taten 56

[Handlungen] 58
Herrscher 59

Krieg 60
Kunst 61

Leben 63
Leiden 64
Lob 65

Nachkommenschaft 66
Nähe des Todes 67
Name 68
Natur, Welt 69
[Nützlich] 70

Philosophie 71
Pflicht 72

Rache 73
Rechtschaffenheit 74

Rede 75
Richte nicht 76
Ruhm 77
Ruhm und Ehren 80

Schicksal 81
Schicksal, Los 82
[Sinn des Lebens] 83
Stolz 84

Talent 85
Tod 86

Überzeugung 90
Überzeugungen 91
Unglück 92

Verbrechen 94
[Vergänglichkeit] 95
Verleumdung 96
Vernunft 97
Vollkommenheit 99

Wahrheit 100
Wandel der Materie 101
Welt 103
[Weniges] 105
Widerspruch 106
Wie leben 107
Willkür 110
Wissen 111

Ziel des Lebens 113
Ziel und Sinn des Lebens 114
Zorn 115
Zorn, Unmut 117
[Zufall] 118
Zwiesprache mit Gott 119

*Bitte beachten Sie auch
die folgenden Seiten*

Anton Čechov im Diogenes Verlag

»Er hat seine Erzählungen mit vollkommener Kunstfertigkeit gestaltet: *Die Bauern* zum Beispiel sind ebenso vollkommen wie Flauberts *Madame Bovary*. Er bemühte sich, einfach, klar und knapp zu schreiben. Seine drastischste Forderung war, daß der Schriftsteller Anfang und Ende seiner Erzählung weglassen sollte. Er selbst hat das getan, und zwar so rigoros, daß seine Freunde sagten, man solle ihm die Manuskripte wegschnappen, bevor er die Möglichkeit habe, sie zu verstümmeln: ›Sonst beschränken sich am Ende die Erzählungen darauf, daß sie jung waren, sich verliebten, heirateten und unglücklich wurden.‹ Als man das Čechov erzählte, sagte er: ›Aber so ist es doch tatsächlich.‹« *W. Somerset Maugham*

»Welche Schriftsteller mich als jungen Menschen beeinflußt haben? Čechov! Als Dramatiker? Čechov! Als Erzähler? Čechov!« *Tennessee Williams*

● **Das dramatische Werk**
Neu übersetzt, transkribiert und herausgegeben von Peter Urban. Jeder Band bringt den unzensurierten Text mit den Varianten und Lesearten, Auszüge aus Čechovs Notizbüchern, Anmerkungen und einen editorischen Bericht

Der Kirschgarten
Komödie in vier Akten

Der Waldschrat
Komödie in vier Akten

Die Möwe
Komödie in vier Akten

Onkel Vanja
Szenen aus dem Landleben in vier Akten

Ivanov
Komödie und Drama in vier Akten

Drei Schwestern
Drama in vier Akten

Die Vaterlosen
[Platonov]. Das ›Stück ohne Titel‹

Sämtliche Einakter

● **Das erzählerische Werk**
Deutsch von Gerhard Dick, Wolf Düwel, Ada Knipper, Georg Schwarz, Hertha von Schulz und Michael Pfeiffer. Gesamtredaktion, Anmerkungen und Nachweise von Peter Urban

Ein unbedeutender Mensch
Erzählungen 1883–1885

Gespräch eines Betrunkenen mit einem nüchternen Teufel
Erzählungen 1886

Die Steppe
Erzählungen 1887–1888

Flattergeist
Erzählungen 1888–1892

Rothschilds Geige
Erzählungen 1893–1896

Die Dame mit dem Hündchen
Erzählungen 1897–1903

Eine langweilige Geschichte/ Das Duell
Kleine Romane I

Krankenzimmer Nr. 6/ Erzählung eines Unbekannten
Kleine Romane II

Drei Jahre/Mein Leben
Kleine Romane III

Die Insel Sachalin
Reisebericht

Ein unnötiger Sieg
Frühe Novellen und Kleine Romane. Deutsch von Beate Rausch und Peter Urban. Herausgegeben, mit Anmerkungen und einem Nachwort von Peter Urban

Die Dame mit dem Hündchen/Herzchen
Zwei Erzählungen

Meistererzählungen
Ausgewählt von Franz Sutter

● **Frühe Erzählungen**
in zwei Bänden. Übersetzt und herausgegeben von Peter Urban

Er und sie
Frühe Erzählungen 1880–1885

Ende gut
Frühe Erzählungen 1886–1887

● **Gesammelte Humoresken und Satiren**
in zwei Bänden. Übersetzt und herausgegeben von Peter Urban

Das Leben in Fragen und Ausrufen
Humoresken und Satiren 1880–1884

Aus den Erinnerungen eines Idealisten
Humoresken und Satiren 1885–1892

● **Gesammelte Stücke**
Übersetzt und herausgegeben von Peter Urban

● **Briefe**
in 5 Bänden. Die größte nicht-russische Briefausgabe in der Neuübersetzung und -edition von Peter Urban. Jeder Band enthält Faksimiles, einen umfangreichen Anhang mit editorischem Bericht, Anmerkungen und einer Chronik; im letzten Band zusätzlich ein Personen- und Werkregister

● **Anton Čechov Sein Leben in Bildern**
Herausgegeben von Peter Urban. Mit 739 Abbildungen, einem Anhang mit Daten zu Leben und Werk und einem Personenregister

● **Čechov-Chronik**
Leben und Werk von Anton Čechov. Herausgegeben von Peter Urban

● **Freiheit von Gewalt und Lüge**
Gedanken über Aufklärung, Fortschritt, Kunst, Liebe, Müßiggang und Politik. Zusammengestellt von Peter Urban. Mit fünf Porträts und einer Selbstkarikatur von Doktor Čechov

● **Das Čechov Lesebuch**
Herausgegeben, kommentiert und mit einem Vorwort von Peter Urban

● **Wie soll man leben?**
Anton Čechov liest Marc Aurel. Herausgegeben, übersetzt und mit einem Vorwort von Peter Urban

Dichter und Denker im Diogenes Verlag

● Angelus Silesius

Der cherubinische Wandersmann
Geistreiche Sinn- und Schlußreime. Herausgegeben und mit einem Nachwort von Erich Brock

● Buddha

Worte der Vollendung
Herausgegeben und mit einem Vorwort und einem Nachwort von Wolfgang Kraus

● Anton Čechov

Freiheit von Gewalt und Lüge
Zusammengestellt von Peter Urban. Mit fünf Porträts und einer Selbstkarikatur von Doktor Čechov

● Friedrich Dürrenmatt

Kritik
Kritiken und Zeichnungen

Literatur und Kunst
Essays, Gedichte und Reden

Philosophie und Naturwissenschaft
Essays, Gedichte und Reden

Politik
Essays, Gedichte und Reden

Versuche

Denkanstöße
Ausgewählt und zusammengestellt von Daniel Keel. Mit sieben Zeichnungen des Dichters

Labyrinth
Stoffe I–III: Der Winterkrieg in Tibet / Mondfinsternis / Der Rebell. Vom Autor revidierte Neuausgabe

Turmbau
Stoffe IV–IX: Begegnungen / Querfahrt / Die Brücke / Das Haus / Vinter / Das Hirn

Gedankenfuge

● Ralph Waldo Emerson

Von der Schönheit des Guten
Betrachtungen und Beobachtungen. Ausgewählt, übertragen und mit einem Vorwort von Egon Friedell. Mit einem Nachwort von Wolfgang Lorenz

● Epiktet

Handbüchlein der Moral und Unterredungen
Herausgegeben und mit einer Einführung von Wolfgang Kraus

● Erasmus von Rotterdam

Das Lob der Narrheit
Mit vielen Kupfern nach Illustrationen von Hans Holbein und einem Nachwort von Stefan Zweig

Die Klage des Friedens
Aus dem Lateinischen übersetzt, herausgegeben und mit einem Vorwort versehen von Brigitte Hannemann

Vertrauliche Gespräche
Aus dem Lateinischen übersetzt, herausgegeben und mit einem Vorwort versehen von Kurt Steinmann

● Nicolas Gfeller

Kleine Geschichte der Ethik
von Buddha bis Ernst Bloch. Mit zahlreichen Abbildungen

● Baltasar Gracián

Hand-Orakel und Kunst der Weltklugheit
Aus dem Spanischen von Arthur Schopenhauer. Mit einem Nachwort von Hugo Loetscher

● Immanuel Kant

Deines Lebens Sinn
Eine Auswahl aus dem Gesamtwerk. Herausgegeben von Wolfgang Kraus

● Lao Tse

Tao-Te-King
Neu ins Deutsche übertragen von Hans Knospe und Odette Brändli. Mit einem Nachwort von Knut Walf

● D.H. Lawrence

Liebe, Sex und Emanzipation
Essays. Aus dem Englischen von Elisabeth Schnack

• Mohammed

Die Stimme des Propheten

Aus dem Koran ausgewählt, herausgegeben und mit einem Vorwort von Wolfgang Kraus

• Michel de Montaigne

Essais

nebst des Verfassers Leben nach der Ausgabe von Pierre Coste, ins Deutsche übersetzt von Johann Daniel Tietz. Mit Personen- und Sachregister. Nachwort von Winfried Stephan

Essais

Eine Auswahl vorgestellt von André Gide. Aus dem Französischen und mit einem Nachwort von Hanno Helbling

Um recht zu leben

Aus den Essais. Mit einem Vorwort von Egon Friedell

• Thomas Morus

Utopia

Roman. Aus dem Lateinischen von Alfred Hartmann. Mit einem Porträt des Autors von Erasmus von Rotterdam

• Friedrich Nietzsche

Vom Nutzen und Nachteil der Historie für das Leben

Herausgegeben und mit einem Nachwort von Michael Landmann

Brevier

Ausgewählt, herausgegeben und mit einem Vorwort von Wolfgang Kraus

• George Orwell

Im Innern des Wals

Erzählungen und Essays. Aus dem Englischen von Felix Gasbarra und Peter Naujack

Rache ist sauer

Essays. Deutsch von Felix Gasbarra, Peter Naujack und Claudia Schmölders

Denken mit Orwell

Ein Wegweiser in die Zukunft. Ausgewählt von Fritz Senn und Christian Strich. Deutsch von Felix Gasbarra und Tina Richter

• Arthur Schopenhauer

Aphorismen zur Lebensweisheit

Textidentisch mit Band 8 der ›Zürcher Ausgabe‹. Herausgegeben von Arthur Hübscher. Mit einem Nachwort von Egon Friedell

• Stendhal

Über die Liebe

Essay. Aus dem Französischen von Franz Hessel. Mit Fragmenten, einem Anhang aus dem Nachlaß des Autors und einer Anmerkung von Franz Blei

• Henry David Thoreau

Über die Pflicht zum Ungehorsam gegen den Staat

und andere Essays. Herausgegeben, aus dem Amerikanischen und mit einem Nachwort von Walter E. Richartz

Vom Spazieren

Deutsch von Dirk van Gunsteren

Walden oder Leben in den Wäldern

Deutsch von Emma Emmerich und Tatjana Fischer. Mit Anmerkungen, Chronik und Register

• Wie soll man leben?

Anton Čechov liest Marc Aurel. Aus dem Russischen übersetzt, herausgegeben und mit einem Vorwort von Peter Urban

• Oscar Wilde

Der Sozialismus und die Seele des Menschen

Ein Essay. Aus dem Englischen von Gustav Landauer und Hedwig Lachmann. Frontispiz von Walter Crane